MARCADA PARA CAMBIAR VIDAS

Autobiografía de una mujer que sobrevivió...
para transformar

Carmen Luz Cordero González

Marcada para cambiar vidas

Autor: Pr. Carmen Lucy Cordero
Diseño de portada: Kengelyn Alarcón
Corrección de estilo: Adelis Becerrit Díaz
Maquetación: Divayre Sandoval
U.S.A. 2025/ © Copyright:
Todos los derechos reservados.
ISBN: 9798276550046
Primera edición.

Queda prohibida la reproducción total o parcial del contenido de este libro sin el permiso expreso del autor del mismo. Así mismo no se permitirá su transmisión por cualquier medio, sea este electrónico, mecánico, por fotocopia, por grabación u otros métodos sin el permiso previo y por escrito de su autor.

ÍNDICE

DEDICATORIA 9

NOTA DE LA AUTORA 10

INTRODUCCIÓN 11

AGRADECIMIENTOS 12

SOBRE LA AUTORA 13

CAPÍTULO 1: Tan solo tres años... y ya conocía el dolor 17

CAPÍTULO 2: El silencio más profundo que escuché 24

CAPÍTULO 3: La calle me lo quitó 30

CAPÍTULO 4: Otra tumba, el mismo grito 37

CAPÍTULO 5: El lunes que morí... y volví a nacer 44

CAPÍTULO 6: Dios me dio vida... y me confió otras 50

CAPÍTULO 7: Florida - Tierra de nuevos comienzos 58

CAPÍTULO 8: La herida que vino desde el altar 72

CAPÍTULO 9: Del polvo a la visión. Había tocado fondo 90

CAPÍTULO 10: Un llamado eterno 109

CAPÍTULO 11: Aceptada por Su amor 124

CAPÍTULO 12: Declaraciones proféticas 136

CAPÍTULO 13: Carta a la lectora 147

FIN • NUEVO COMIENZO 170

DEDICATORIA

A Ti, mi Dios: porque cuando el mundo me rompió, fuiste Tú quien me restauró. Cuando me dejaron sola, fuiste Tú quien me abrazó. Cuando pensé que no tenía futuro, me recordaste que Tu plan seguía vigente. Todo lo que soy, todo lo que he escrito y todo lo que viviré... te pertenece. A Ti sea toda la gloria.

A Luis, mi compañero de vida, quien ha sostenido mi mano en silencio, quien ha creído en mí cuando ni yo misma podía, quien ha caminado a mi lado con amor, paciencia y fe. Gracias por amarme en cada estación y por recordarme quién soy cuando lo olvido.

A mis hijos, mis razones más profundas para vivir. Cada sonrisa de ustedes fue un recordatorio de que valía la pena seguir. Cada lágrima, una razón más para levantarme. Cada abrazo, una promesa de que el legado no termina conmigo. Gracias por hacerme mamá, pastora, guerrera... y, sobre todo, humana.

A mis nietos, a quienes amo con mi vida entera. Ustedes son mi continuación, mi esperanza viva, mi inspiración para dejar huellas firmes en la tierra. Cada paso que doy es con ustedes en mente... porque también nacieron para marcar vidas.

A mis sobrinos, que han sido parte de mi corazón, mis oraciones y mi historia. Gracias por enseñarme a amar más allá de lo que se ve, por recordarme que la familia también se abraza desde el alma.

A mi madre, ejemplo de lucha, corazón valiente, mujer que ha sembrado con lágrimas y fe. Tu fuerza vive en mí. Gracias por enseñarme que la verdadera grandeza está en nunca rendirse.

Este libro no es solo mío. Es nuestro. Porque fui marcada... pero ustedes me ayudaron a vivir.

NOTA DE LA AUTORA

Este libro fue escrito desde lo profundo de mi alma. Cada palabra, cada página y cada silencio entre líneas nació de un lugar donde el dolor y la fe se encontraron... y decidieron no rendirse.

No escribí esto para ser recordada, sino para que tú recuerdes lo que Dios puede hacer con una vida rota. No vine a demostrar perfección. Vine a mostrarte redención.

En estas páginas hay cicatrices, sí... pero también hay resurrección. Hay memorias que dolieron, pero hoy predican. Hay puertas que se cerraron, pero otras se abrieron desde el cielo.

Si llegaste hasta aquí, no es casualidad. Hay algo en ti que Dios quiere despertar. Quizá no lo sabes aún, pero tú también fuiste marcada... y si te atreves a mirar hacia adentro, descubrirás que el llamado nunca se apagó.

Gracias por permitirme llegar a tu corazón. Gracias por leer no solo mi historia... sino la tuya también, escrita con otra tinta, pero con el mismo Dios.

Con todo mi amor,

Lucy Cordero. Marcada para cambiar vidas

profundamente conectada por el amor, la risa y los valores que se vivían dentro del hogar. Su mesa siempre tuvo espacio para la alegría, aun cuando la vida presentaba pruebas.

Eran tiempos donde no se necesitaba mucho para ser felices: bastaba con tenerse los unos a los otros. Las noches familiares estaban llenas de conversaciones, música y fe. En medio de las limitaciones, la esperanza era su riqueza. En cada sonrisa de esa fotografía se refleja el corazón de una familia que, aunque atravesaría dolorosas pérdidas, dejó una huella imborrable de amor, resistencia y unión.

"No teníamos todo lo que queríamos, pero teníamos lo más importante: nos teníamos los unos a los otros."

MI FAMILIA: UNA COMPOSICIÓN DE CINCO

Cada historia tiene un origen, y la mía empezó en el seno de una familia marcada por el amor, la lucha y memorias que el tiempo no borra. Somos cinco pilares que dieron forma a mi vida y a mi propósito.

Mi papá, Edwin Gregorio Cordero Santo Domingo – "Cordero"

Mi mamá, Carmen Lydia González González – "Tata"

Mi hermano mayor, Edwin Gregorio Cordero González – "Nany"

Mi segundo hermano, Edwin Roberto Cordero González – "Kojak"

Y yo.

En 1982, la familia Cordero González representaba el verdadero significado de la unión. No era una familia perfecta, pero sí

AGRADECIMIENTOS

Gracias a mi familia: por ser refugio en la tormenta, por no soltarme cuando me quebré, por recordarme con su amor que no estaba sola, y por caminar conmigo, incluso cuando no sabían a dónde Dios me estaba llevando.

Gracias a Luis, mi compañero de vida, a mis hijos que me impulsan a dar lo mejor, a mis nietos que me llenan de esperanza, y a mi madre, ejemplo de fortaleza inquebrantable.

Gracias a mis mentoras, mujeres que sembraron palabra, dirección y fe en mis momentos más inciertos. Gracias por formar parte de mi llamado.

Gracias a las mujeres que me inspiran a seguir: a las que luchan en silencio, a las que no se rinden, a las que han sido levantadas del polvo para convertirse en testigos de gloria.

Gracias a cada persona que creyó en mí cuando yo solo tenía una palabra y una promesa. Gracias a quienes me dijeron "tú puedes" cuando el mundo decía lo contrario.

Y a ti, lectora: gracias por abrir este libro, por llegar hasta aquí, por dejar que mi historia tocara la tuya. Gracias por creer, por sentir, por reflexionar... y, sobre todo, por no rendirte.

Si este libro llegó a tus manos, es porque Dios tenía algo que decirte. Y si alguna página te toca, entonces todo valió la pena.

Con todo mi corazón,

Lucy Cordero

INTRODUCCIÓN

Cada capítulo de este libro es un testimonio vivo de redención, dolor enfrentado con valentía y propósito revelado en medio de la oscuridad.

No escribí estas páginas desde un escritorio perfecto, sino desde trincheras emocionales, hospitales, tumbas abiertas y noches de silencio profundo. Este libro nació en medio de lágrimas... pero también en medio de oraciones que desataron milagros.

Aquí no encontrarás ficción. Aquí encontrarás verdad. Verdades incómodas. Verdades que duelen. Pero también, verdades que sanarán y despertarán lo que tal vez has intentado enterrar.

Te advierto: no es una historia fácil. Pero es una historia necesaria. Porque si una sola mujer puede ver su vida reflejada en estas líneas y decidir no rendirse... entonces todo el dolor habrá valido la pena.

Dios no me marcó para destruirme. Me marcó para despertar a otras. Y si tú estás leyendo esto, es porque también hay una marca sobre tu vida.

Bienvenida a esta historia... Donde no solo sobreviví, fui llamada a cambiar vidas.

SOBRE LA AUTORA

Nacida en el Residencial Luis Llorens Torres en San Juan, Puerto Rico, Carmen Luz Cordero González es testimonio vivo de que Dios puede levantar a una mujer desde el dolor más profundo hasta un llamado eterno.

Perdió a sus dos hermanos y a su padre antes de los quince años, pero su historia no terminó en tragedia: comenzó con propósito. Sobreviviente de un accidente mortal a los 15 años, fue marcada desde joven por la mano de Dios para transformar vidas.

Fue líder comunitaria destacada en San Juan, donde presidió la unidad de barrio 16 bajo el Partido Nuevo Progresista. Desde su juventud, sobresalió por su compromiso con el desarrollo social, la transformación comunitaria y el servicio a las familias más vulnerables de su ciudad.

Migró a Florida en 2015, donde comenzó una nueva etapa como madre, sierva y mentora de mujeres. Ha trabajado con humildad en empleos de servicio mientras Dios la posicionaba para servir espiritualmente a cientos.

Hoy es pastora, ministro ordenado, capellán, profesora, mentora y conferencista, además de fundadora de los movimientos Mujeres Resistentes y LLMinistry, con impacto comunitario y misionero.

Con una fe inquebrantable, ha abrazado su llamado a levantar, sanar y restaurar a otras mujeres a través del poder de la palabra y el amor de Cristo.

Ella no solo sobrevivió... fue marcada para cambiar vidas.

CAPÍTULO 1

Tan solo tres años... y ya conocía el dolor

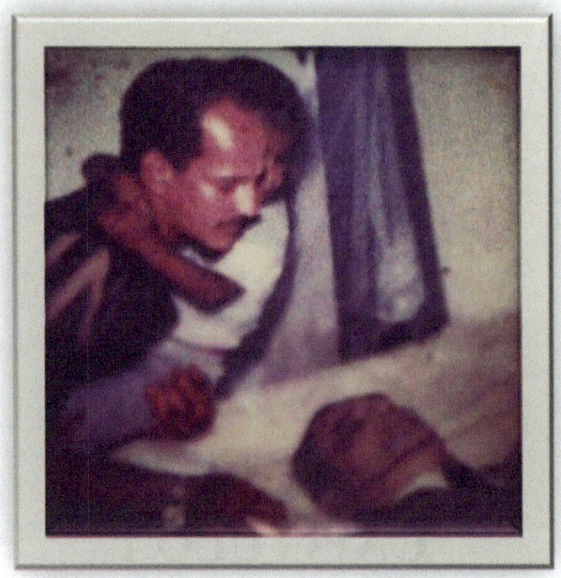

Tenía apenas tres años cuando la muerte tocó por primera vez mi puerta. Era demasiado pequeña para entenderlo todo, pero lo suficiente para sentir que algo se había quebrado para siempre.

El Tronco de Nuestra Familia – Don Gregorio Cordero Muñoz

Mi abuelo Gregorio Cordero Muñoz fue, sin duda, el tronco de nuestra familia, la raíz sólida que dio fuerza y propósito a generaciones enteras. Nacido en Corozal, Puerto Rico, fue un hombre de carácter firme, espíritu emprendedor y corazón noble. Su vida fue una escuela de esfuerzo, fe y principios, dejando una herencia que aún hoy sigue marcando nuestras vidas.

Empresario e industrial por vocación, levantó con sus propias manos proyectos que reflejaban su disciplina y visión. Fue fundador de Lundry Comercial y también de la reconocida Agencia Hípica Los Cordero, negocios que se convirtieron en símbolo de su trabajo honrado y su deseo de superación. Cada empresa llevaba su sello: responsabilidad, excelencia y amor por servir.

Amante del hipismo, disfrutaba la nobleza de los caballos y la emoción de cada carrera. Era un hombre que encontraba en el hipismo no solo un pasatiempo, sino una metáfora de la vida misma: correr con pasión, resistir con determinación y llegar a la meta con dignidad.

Mi abuelo creía firmemente en la familia como el núcleo de toda sociedad, y en el matrimonio como base sagrada del hogar ante los ojos de Dios. Vivía con la convicción de que los valores cristianos son el cimiento más sólido que puede tener una familia. Por eso enseñaba, con su ejemplo, que los principios, el respeto y la fe deben ser pilares inquebrantables dentro del hogar.

Fue un hombre honrado, íntegro y trabajador incansable, de palabra firme y corazón generoso. Su presencia inspiraba respeto; su mirada, confianza; y su legado, gratitud. En cada historia familiar, su nombre aparece como símbolo de honor, esfuerzo y unidad.

Aunque era muy pequeña cuando compartí con él, sus recuerdos viven profundamente en mí. Aún puedo sentir la calidez de su voz, su risa pausada y esa mirada que hablaba sin palabras. Él fue quien me regaló mi nombre, Carmen Luz, y cada vez que lo escucho, siento su amor y su bendición acompañándome.

Hoy reconozco que Don Gregorio Cordero Muñoz, esposo de Carmen Santo Domingo padres de Edwin, Milagros y Antero, no solo fue el tronco de la familia, sino también el ejemplo de lo que significa ser un hombre de fe, de trabajo y de propósito. Su legado continúa floreciendo en cada uno de nosotros, sus descendientes, porque cuando una raíz es fuerte, su fruto jamás se marchita.

RIP Áurea González González

Luego a los 4 años Perdí a mi tía Aurea, una figura maternal que me abrazaba cuando el mundo se sentía demasiado grande. Ella era madre de mis cuatro primos: Joan, Christian, Wilfredo y Aurea, quienes han sido y siguen siendo figuras muy especiales en mi vida. Aunque ella partió, ellos permanecieron, y su amor, su cariño y su apoyo han sido parte fundamental de mi historia. A través de ellos, su legado sigue vivo, vigente y presente en cada etapa que he caminado.

Recuerdo su aroma, sus manos, sus cantos… y luego, el silencio.

Desde ese momento, aprendí que la vida podía cambiar en un segundo. Lo que para otros era un juego, para mí se convirtió en preguntas sin respuestas. ¿Por qué Dios se la llevó? ¿Por qué tan pronto? Nadie me lo explicó. Solo me abrazaron y dijeron: "Ella está con el Señor". Pero en mi corazón, se sembró una herida que marcaría el inicio de muchas más.

Crecí buscando a mi tía en los abrazos de otras mujeres. Buscando ese calor que ella me daba con solo su presencia. A veces la soñaba. A veces lloraba en secreto. A esa edad, nadie espera que una niña guarde tanto dolor en el alma. Pero yo lo guardé. Y el dolor se convirtió en parte de mí... como una sombra que caminaba a mi lado.

Hoy comprendo que esa sombra no fue una maldición, sino una marca. No estaba siendo destruida, estaba siendo moldeada. Porque el mismo Dios que permitió que mi tía partiera, fue el que me sostuvo en cada pérdida posterior. No me quitó el dolor, pero me enseñó a abrazarlo. A entenderlo. Y con el tiempo, a usarlo como puente para sanar a otros.

Esa niña de cuatro años sigue viva en mí. Y cada vez que abrazo a una mujer rota, cada vez que le digo "Dios está contigo", lo hago desde esa parte herida que Él ha restaurado. Porque fui marcada. No para quedarme en el dolor... sino para cambiar vidas.

Aún cuando el cielo decidió llevarse dos tesoros de mi vida: mi abuelo Gregorio y mi tía Aurea.

A esa edad uno no entiende del todo lo que es la muerte… solo siente que algo se apaga, que el hogar se vuelve más silencioso, que el abrazo que solía estar ya no llega.

Recuerdo la confusión, el vacío, la tristeza que no sabía cómo nombrar. Era como si el tronco de nuestro árbol familiar hubiese sido arrancado de raíz, y una rama frágil y joven se hubiese quebrado con él. La casa no sonaba igual, los adultos hablaban más despacio, y yo, sin comprender del todo, sentía que algo grande y eterno había cambiado.

Con su partida, la inocencia se vistió de luto.

No sabía cómo explicar lo que dolía, pero sentía que el amor que él me dio se quedó flotando en el aire, buscándome en los sueños, enseñándome que las raíces nunca mueren del todo, solo se esconden bajo tierra para sostenernos desde otro lugar.

Esa pérdida marcó mi alma muy temprano. Fue la primera vez que la vida me habló de despedidas, de lágrimas sin respuestas… pero también de la eternidad que habita en los recuerdos.

Aun hoy, cuando pienso en ellos, cierro los ojos y los veo sonriendo, como si el cielo me recordara que el amor verdadero no se entierra: florece en el corazón de quien lo recuerda.

"Cercano está Jehová a los quebrantados de corazón;

y salva a los contritos de espíritu."

Salmo 34:18

CAPÍTULO 2

El silencio más profundo que escuché

Yo tenía solo tres años cuando murió mi abuelo, y cuatro cuando falleció mi tía... y pensaba que el dolor no podía ser más grande. Pero estaba equivocada.

A los pocos meses, la vida me arrebató a mi padre. No fue por una enfermedad, ni por un accidente... sino por sus propias manos. Mi papá tomó la decisión más dolorosa al intentar acabar con su vida. Resistió tres días entre la vida y la muerte, hasta que su cuerpo no pudo más. Su ausencia abrió heridas profundas, pero con el tiempo entendí que él no quería irse de mí... solo quería dejar de sufrir. Y con su partida, algo se suspendió dentro de mí que nunca volvió a ser igual.

Mi papá no fue perfecto, pero fue un hombre trabajador y un luchador. Su carácter albergaba grandes sueños, y su esfuerzo hablaba más fuerte que sus palabras. Era empresario, visionario y determinado. Él quería darle lo mejor a su familia... y yo era su motivación más grande.

Yo era su princesa, la dueña de sus sonrisas y de su orgullo.

La última imagen que guardo de él es un tesoro y una cicatriz a la vez...

Ese día, el sábado 11 de marzo de 1987, antes de que el mundo se rompiera, mi papá me pidió un vasito de agua. Lo hice con alegría, como cualquier niña que quiere complacer a su papá. Antes de caminar hacia la cocina, me dio un beso en la frente y me dijo con ternura:

"Mi princesa, tú siempre serás especial para mí."

Al regresar... él ya no estaba.

Ese instante marcó mi vida para siempre. Fue la despedida más inesperada, la que me dejó en shock, la que no supe comprender.

Recuerdo los murmullos, los rostros pálidos, la desesperación que se respiraba en el aire. Nadie me dijo nada directamente, pero yo lo supe. Los niños perciben el dolor, aunque no entiendan la tragedia.

Ese día no solo perdí a mi papá.

Perdí la seguridad, la inocencia y el refugio que un padre representa. Me quedé con preguntas que el tiempo tardó años en traducir:

¿Por qué se fue?

¿Por qué dolía tanto seguir aquí sin él?

Pero hoy, como la mujer en la que Dios me ha convertido, entiendo algo:

El suicidio no es cobardía... es la batalla interna más feroz que existe.

Mi papá estaba roto por dentro. Él también necesitaba ser abrazado, rescatado, escuchado. Y aunque su ausencia dejó un vacío enorme... también me enseñó a reconocer las heridas invisibles en los demás.

Hoy sé que la muerte no tuvo la última palabra.

Dios tomó ese silencio tan profundo... y lo transformó en un mensaje de esperanza.

Cada vez que le digo a alguien: "No te rindas", lo hago pensando en él.

Cada vez que le digo a una niña: "Tú eres una princesa", lo digo desde el lugar donde él me lo sembró.

Porque él me marcó con amor.

Y aunque me dejó antes de tiempo... su último beso me acompaña toda la vida.

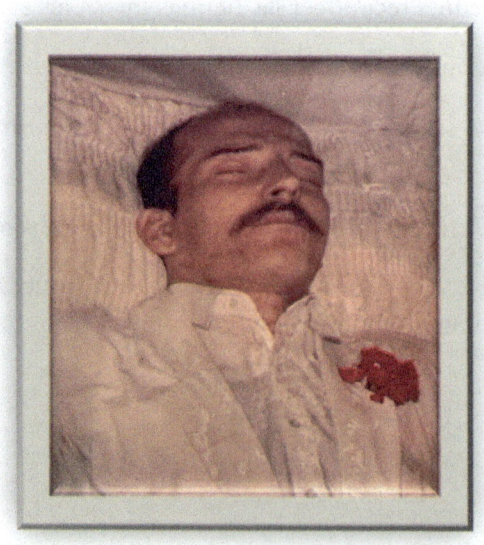

RIP Edwin Cordero

> "Aunque mi padre y mi madre me dejaran,
> con todo, Jehová me recogerá."
>
> Salmos 27:10

Aunque mi padre me dejara,
y aunque la vida me arrancara abrazos que jamás regresaron,
el Señor nunca me dejó.

He aprendido que no todos los vacíos son castigos;
algunos son espacios que solo Dios puede llenar.
Cuando faltó el amor humano, llegó Su presencia eterna.
Cuando se quebró la confianza, Su fidelidad me sostuvo.
Y cuando creí estar sola, Él me llamó hija.

En mis noches más oscuras, supe que el dolor no era el final...
era el comienzo de una relación más profunda con mi Padre celestial.
Él no me midió por mis errores, sino por Su gracia.
No me buscó perfecta, me buscó dispuesta.
Y en Su abrazo encontré lo que ningún ser humano pudo darme:
aceptación, pertenencia y propósito.
Hoy puedo decir con convicción:
no me faltó padre, me sobró cielo.
Porque cuando la tierra me soltó, Dios me sostuvo con Sus manos.

CAPÍTULO 3

La calle me lo quitó

Tenía nueve años. Ya sabía lo que era perder. Ya conocía el silencio de la muerte. Pero nada me preparó para la pérdida de mi hermano del medio, el segundo de los tres que éramos.

Éramos niños del barrio, del caserío. Jugábamos en calles de concreto y tierra, donde la pobreza se mezclaba con las risas, y la violencia se disfrazaba de normalidad.

Él era inquieto, curioso, lleno de vida. Tenía esa chispa que solo poseen los que nacen para destacar, aunque el mundo no lo entienda. Era mi cómplice, mi compañero de aventuras, mi héroe pequeño, el que siempre quería protegerme, aunque yo fuera la menor.

Ese lunes 11 de febrero de 1991, luego de las 7:35 p.m., marcó otro capítulo oscuro en mi historia.

Después de hablar conmigo, mi hermano, con ese tono protector de siempre, me envió para arriba con mi mamá:

"Es tarde, tienes que madrugar para la escuela."

No sabía que esas serían sus últimas palabras.

A los pocos minutos, escuché detonaciones. Un ruido seco que atravesó mi pecho antes que mis oídos. Sentí un presentimiento que aún no sabía nombrar.

Corrí a la ventana para tratar de entender la conmoción en la calle. Los gritos, el caos, una vecina desesperada:

—¡Fue a tu vecino! ¡Lo mataron en los 20!

—¿A cuál? ¡Dios mío, ¿a cuál de los dos?! —preguntaba mi mamá.

Y llegó el nombre que me partió en dos:

A Kojak.

Un joven con apenas 14 años.

Su vida apagándose en el suelo.

Mi mundo quebrándose otra vez.

Lo más doloroso no fue solo verlo caer…

sino saber quién apretó el gatillo.

Un conocido. Un supuesto amigo.

Alguien que se sentó en nuestra mesa.

La traición más cruel.

A los nueve años, entendí que el peligro no estaba solo en las películas.

Estaba en la esquina.

En el amigo del amigo.

En la falta.

En la envidia.

En las manos que matan sueños sin pensarlo dos veces.

Mi mamá gritaba. Mi familia se rompía otro poco.

Y yo… me volví más dura, más silenciosa.

Algo dentro de mí se apagó ese día.

Pero no lloré tanto como debía.

Porque en mi barrio, las lágrimas eran un lujo.

Y el duelo se escondía detrás de la rabia.

Con los años entendí que no fue solo la calle.

Fue el sistema.

Fue la indiferencia.

Fue la pobreza.

Fue el enemigo queriendo destruir mi propósito.

Pero lo que no sabía…

era que Dios estaba anotándolo todo.

Cada pérdida.

Cada grito ahogado.

Cada hermano que me arrancaron…

se convertiría en semilla de llamado.

Mi hermano no fue un número más en las estadísticas del barrio.

Fue luz. Fue alegría. Fue valentía.

Una vida que brilló aun rodeada de oscuridad.

Hoy, cuando abrazo a un joven con rabia,

cuando intercedo por una madre rota,

cuando camino por calles parecidas a las mías…

lo hago con el nombre de mi hermano en el alma.

Porque si, la calle me lo quitó…

el propósito me lo devolvió en forma de llamado.

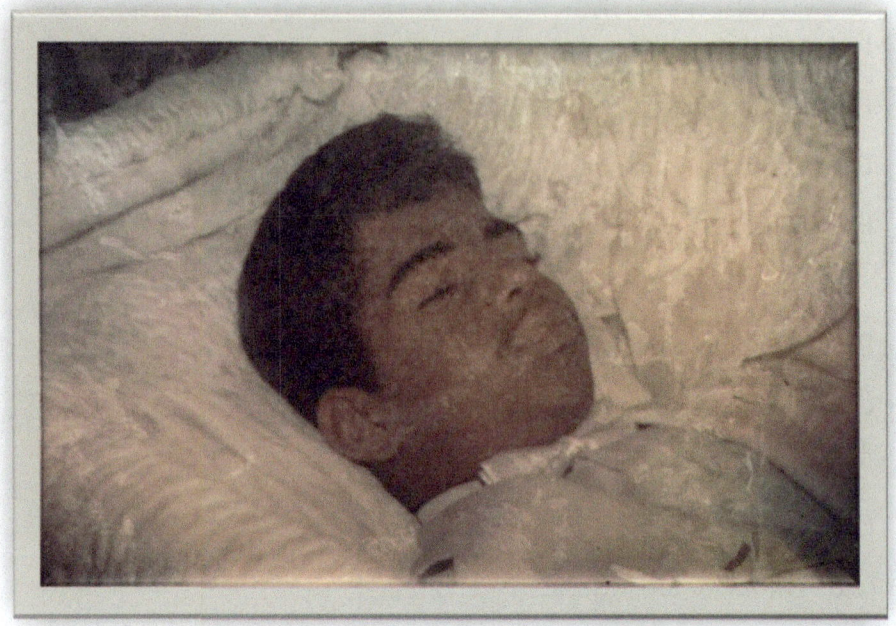

RIP Kojak, Edwin Roberto Cordero González

El abrazo de Dios lo tuve en el duelo!

"Cercano está Jehová a los quebrantados de corazón;
y salva a los contritos de espíritu."

Salmos 34:18

Este versículo honra el dolor de niña que tuve que vivir a los 9 años… reconozco que Dios estuvo ahí, recogiendo cada lágrima cuando las palabras faltaban.

CAPÍTULO 4

Otra tumba, el mismo grito

Tenía catorce años. Era adolescente, pero ya me sentía vieja. No por el tiempo, sino por las ausencias que me dolían en los huesos.

Ya había enterrado a mi tía.

Ya había sentido el vacío de quedarme sin papá.

Ya la calle me había arrancado a mi hermano menor.

Y cuando pensé que no quedaba más por romperse… volvió a pasar.

Mi hermano mayor. El que me cuidaba, el que me defendía. El que me hacía reír cuando yo solo quería desaparecer. Ese que, aunque vivía sus propias luchas, se encargaba de que nadie me tocara. Ese… también me lo quitaron.

Fue otra llamada. Otro grito. Otro impacto mortal en mi corazón.

Recuerdo el mensaje urgente que llegó al beeper:

"Llama a tu casa."

Intenté varias veces, pero nadie respondía. Mi pecho dolía, y sin explicación lógica... sabía que algo grave había ocurrido. Llamé a la vecina. Su hija Rachel atendió. Apenas una niña, pero sus palabras partieron mi alma en dos:

— ¡Ay, Lucy!... mataron a tu hermano. Está allí tirado.

Corrí. El mundo se detuvo. Mi alma tembló.

Al llegar al lugar donde estaba su cuerpo sin vida, me dijeron el nombre de quien lo había asesinado. Lo más doloroso fue saber que era alguien que se sentaba en nuestra mesa. Un rostro conocido. Una supuesta amistad.

La traición que nos partió el alma.

Lo más doloroso no fue solo perderlo... sino descubrir quién le arrebató la vida. No fue un desconocido. No fue alguien sin rostro ni nombre. Fue Palomo, un íntimo amigo de la familia. Alguien que entraba a nuestra casa con confianza, que se sentaba en nuestra mesa, que compartió con nosotros risas, juegos y pan.

Perder a mi hermano "Nany" nos quebró por dentro. Pero esa ruptura no terminó ahí. Yo estudiaba con sus hermanos, y cada día vivíamos nuestras pequeñas alegrías: las clases, los recreos, el baloncesto que nos hacía sentir familia. Éramos inseparables.

Yo los amaba como hermanos también. Y de repente... todo se derrumbó. Una mala decisión, un instante de oscuridad, y la vida nos obligó a tomar caminos diferentes, rompiendo lazos que jamás imaginé que se romperían.

Fue demasiado fuerte para mi corazón de niña el tener que separarme de quienes también eran parte de mi historia, y aceptar una ausencia que me arropó de dolor.

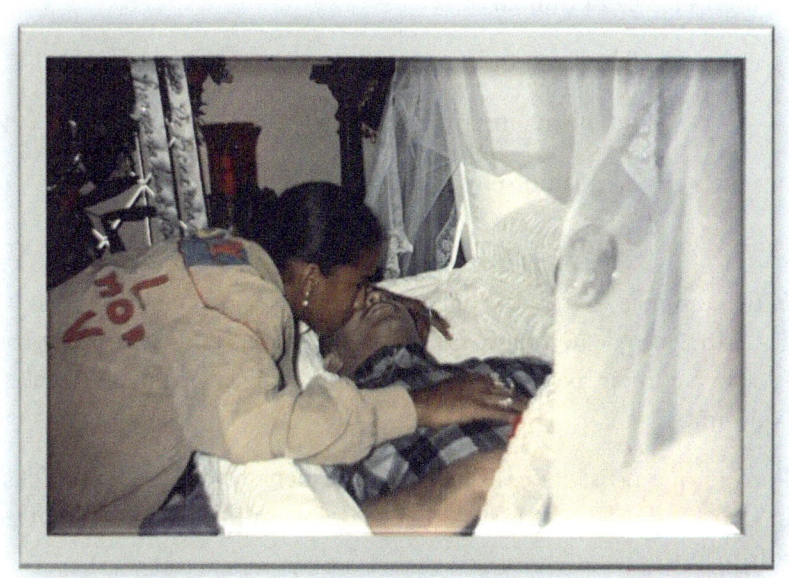

Pero hoy escribo estas líneas desde otro lugar: un corazón sanado por Dios, que aprendió que el perdón libera el alma y que la justicia perfecta le pertenece al cielo.

Ya perdoné. No guardo rencor. Solo comparto lo vivido porque mi verdad puede sanar a otros que han enfrentado pérdidas injustas. Mi hermano se fue demasiado pronto... pero su vida no fue en vano. Su recuerdo sigue siendo luz y parte del propósito que hoy me hace levantarme para cambiar vidas.

"El Señor sana a los quebrantados de corazón y venda sus heridas."

Salmos 147:3

Ya no era una niña. Y por eso, dolía diferente. Ahora sabía que la muerte no se lleva solo un cuerpo... se lleva promesas, sueños, risas, protecciones. Se lleva una parte de ti que nunca vuelve.

Cuando la noticia entró por mis oídos, el grito salió del alma. Un grito que no sonó con la boca, pero retumbó por dentro.

- Otra tumba.
- El mismo dolor.
- La misma impotencia.
- El mismo sentimiento de abandono.

Y fue aún más fuerte... porque quien lo hizo era alguien cercano. Otro Judas disfrazado de hermano. Ese día algo en mí se endureció. Me prometí no volver a confiar. No volver a amar así. Porque la vida me enseñaba que los que amo... se van.

Pero lo que no sabía era que Dios, en silencio, me estaba moldeando para algo mayor. Él no fue el autor del dolor... pero jamás fue indiferente al sufrimiento.

Cada lágrima era una semilla. Cada pérdida, una preparación. Cada traición, una escuela. Cada tumba, una señal de que mi llamado vendría con sangre... pero también con gloria.

Hoy entiendo que no fui olvidada... fui elegida. Que no fui castigada... fui marcada.

Y que de ese dolor nacería mi propósito:

- Añadir esperanza donde otros pierden la suya.
- Edificar corazones donde otros ven ruinas.
- Impactar vidas donde otros ven tragedia.

Otra tumba. El mismo grito.

Pero esta vez, mi grito llegó al cielo.

El cielo lo escuchó. Y el cielo respondió con un llamado que aún hoy, sigo obedeciendo.

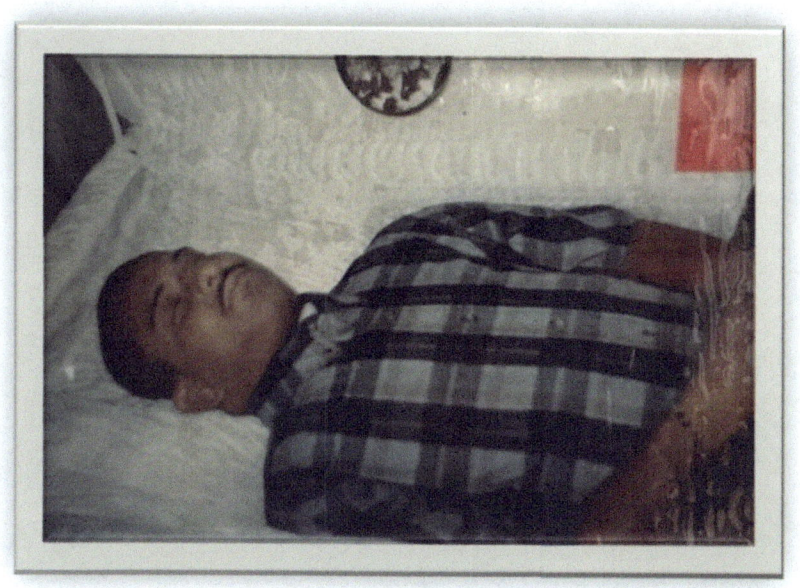

RIP Nany, Edwin Gregorio Cordero González

Cuando el corazón se rompe pero Dios sostiene!

"Mi carne y mi corazón desfallecen;
mas la roca de mi corazón y mi porción es Dios para siempre."

Salmos 73:26

Puedo hoy expresar cómo me sentía para el año 1996, joven, rota, débil…

pero sostenida por una fuerza que no venía de mi.

CAPÍTULO 5

El lunes que morí... y volví a nacer

El día que Dios le dijo no a la muerte

Después de perder a mi Abuelo... Después de perder a mi tía... Después de enterrar a mi papá... Después de ver caer a Kojak... Después de que la traición me arrebatara a mi hermano mayor...

La muerte pensó que ya me había vencido.

El enemigo creyó que me había dejado sin fuerza, sin familia, sin voz, sin propósito. Pero Dios ya tenía Su decreto firmado en el cielo:

"Ella no morirá... Ella vivirá. Vivirá para contar Mi gloria."

Yo no lo sabía, pero el infierno completo me tenía miedo.

Era domingo por la noche... y para nosotros aún no terminaba. Salimos a divertirnos, buscando apagar por unas horas el peso de tantas heridas no sanadas.

Fuimos a una discoteca. Éramos jóvenes. Éramos vulnerables. Y aunque el cuerpo bailaba... el alma seguía cargando silencios.

Dentro del lugar hubo un altercado. El ambiente se volvió pesado. Hostil. Algo nos decía que debíamos salir cuanto antes. No era solo miedo... era una advertencia del cielo.

Sin entenderlo, obedecimos. Y salimos.

2:45 de la madrugada lunes, 8 de septiembre de 1997

Mientras el mundo dormía... nuestro vehículo encontró el destino que cambiaría mi vida para siempre.

Un choque brutal. Gritos. Confusión. Oscuridad...

Y luego, el silencio que solo deja la muerte.

Mi cuñada falleció al instante. Su cuerpo se fue. Su vida se detuvo.

Y yo... debí irme con ella.

Todo indicaba que debía morir también:

La velocidad

La magnitud del impacto

La condición del vehículo

Las heridas en mi cuerpo

Pero Dios decidió otra cosa.

Estaba atrapada entre metales, dolor y recuerdos. No entendía. No sentía. Pero en medio de ese caos, sentí una mano invisible sosteniéndome.

No fue suerte. No fue coincidencia. Fue un milagro.

Ese lunes... yo morí. Y volví a nacer.

No fue una experiencia que me dejó igual. Desde ese día supe que el cielo reclamó mi vida.

Aunque aún no entendía mi propósito... sabía que no había quedado viva por casualidad.

Sobreviví. Pero no solo para contar una historia... sino para vivir una historia nueva.

Una historia donde el dolor ya no sería mi final... sino mi plataforma.

Donde Dios tomaría cada golpe, cada pérdida, cada noche sin sentido... y la convertiría en gloria.

Ese lunes que morí... fue el día en que el infierno pensó que me tenía.

Pero el cielo dijo: "Ella no se queda aquí."

Desde entonces camino con una certeza:

No estoy viva por error, sino por destino.

No estoy viva por suerte, sino por propósito.

No estoy viva por casualidad...

Estoy viva para añadir, edificar e impactar.

Porque Dios me marcó para cambiar vidas. Y lo que Él marca... el enemigo no puede borrar.

El Salmo 118:17 dice: "No moriré, sino que viviré, y contaré las obras de Jehová". Este versículo expresa la confianza en que la vida no terminará, sino que continuará para poder alabar y dar testimonio de las maravillas realizadas por Dios.

RIP Glory & Nany

Aquí, en esta imagen, el tiempo se detuvo...

y quedaron guardadas sus sonrisas, sus sueños y el amor que un día compartieron.

Ellos ya no están en la tierra,

pero siguen vivos en cada historia que contamos,

en cada lágrima que todavía limpia el alma,

y en cada latido que aún recuerda lo que fueron para nosotros.

Esta fotografía no duele...

abraza.

Porque me recuerda que su paso por mi vida dejó huellas que ni la muerte puede borrar.

Hoy los honro.

Hoy los nombro.

Hoy los dejo ir... pero nunca los dejo atrás.

Siguen siendo parte de mi historia,

de mi memoria,

y de la fuerza que Dios usó para hacerme quien soy.

Hasta que el cielo nos vuelva a reunir.

CAPÍTULO 6

Dios me dio vida... y me confió otras

Marcada
para cambiar vidas

Dios me dio vida... y me cofió otras

Dios me dio vida... y me confió otras.

Después del accidente, algo dentro de mí despertó. Era como si Dios me hubiera susurrado al oído:

"Aún no es el final. Tengo más para ti."

Pasaron los meses, y mientras el mundo seguía girando sin pausa, yo comenzaba a reconstruirme en silencio. Pasaron años.

No fue fácil. El dolor seguía ahí: la pérdida, el trauma, las noches en las que me preguntaba por qué yo estaba viva...

Pero en medio de ese proceso tan duro, el amor llegó a mi vida.

No fue un cuento de hadas. No fue perfecto. Pero fue real. Alguien vio más allá de mi dolor, más allá de mis cicatrices, y poco a poco... me fui permitiendo amar y ser amada.

Y entonces sucedió. Me convertí en madre.

La primera vez que sentí una vida moverse dentro de mí... lloré. Lloré porque entendí algo profundo:

Dios me estaba confiando vidas nuevas. A mí.

A la que la muerte persiguió tantas veces. A la que fue rescatada por pura misericordia. La que perdió... ahora daba vida. La que lloró... ahora sonreía. La que estuvo a punto de morir... ahora cargaba milagros en su vientre.

Cada hijo que llegó fue una confirmación del cielo. No solo nacieron ellos... volví a nacer yo.

Mis hijos: mis tres razones, mis tres milagros.

Gieloy Jesús, mi primogénito, significa: "Mi gozo está en Dios". Llegó para recordarme que aun después de la tormenta, Dios siempre deja un arcoíris. Él trajo propósito, madurez y una fuerza que me enseñó a luchar con fe. Su vida me enseñó que el liderazgo no se impone... se modela con amor.

Lleddielian M., mi hija, su nombre simboliza luz, elegancia y firmeza celestial. Ella nació para recordarme que la gracia también puede tener voz de mujer. Es sensible, pero valiente. Dulce, pero fuerte. A través de ella, Dios me enseñó lo que significa sanar y levantarme con dignidad.

Ronald Walker, mi pequeño guerrero, su nombre lleva el significado de "poderoso consejero y caminante en la verdad". Él representa la continuidad del legado, la sonrisa que sana los días difíciles, y la ternura que me recuerda que Dios aún está creando nuevas historias a través de mí.

Cada uno de ellos nació con propósito. Son mi herencia, mis semillas eternas, la manifestación viva de que la muerte no pudo detener el plan de Dios.

Y mis sobrinos: regalos del cielo que también marcaron mi historia.

José, mi sostén silencioso, el que me recuerda que la fidelidad y la lealtad aún existen. Su nombre significa "Dios añadirá", y en mi vida, él añadió fortaleza cuando las fuerzas me faltaban.

Steven, mi sobrino guerrero, su nombre significa: "Coronado". Y así lo veo: como un joven marcado para alcanzar la victoria, no solo en lo natural, sino en lo espiritual.

Nany, cuyo nombre real es Edwin, lleva con orgullo el nombre de su padre, mi hermano mayor, quien partió demasiado pronto dejando un vacío profundo en todos nosotros. Su nombre significa. "Amigo fiel y protector", y eso ha sido en mi vida: un reflejo del amor, la risa y la fuerza de su papá. Verlo crecer fue como volver a ver un pedacito de mi hermano en la tierra; un recordatorio de que el legado de Edwin sigue vivo en su hijo.

Efraín, cuyo nombre significa: "Dios me hizo fructificar en la tierra de mi aflicción", es testimonio de que aun en medio del dolor, Dios puede hacer florecer lo que parecía estéril. Glorian, cuyo nombre lleva la raíz de gloria, ha sido reflejo de la presencia de Dios y de Su favor sobre nuestra familia. Su vida irradia esperanza y dulzura.

Juan José, mi amado sobrino, su nombre significa: "Dios es misericordioso". Y aunque su paso por esta tierra fue breve, dejó huellas profundas. También tuvo un accidente de carro... y esa noticia desgarró lo que quedaba de mi alma. Fue un golpe tan fuerte que por un momento sentí que el aire me faltaba. Pero aun en ese valle de dolor, Dios me recordó que la muerte no tiene la última palabra. Él no se fue... solo cambió de dirección. Su sonrisa quedó grabada en mi memoria, y su vida es testimonio de que los que parten en Cristo no mueren, solo descansan antes que nosotros.

Ser madre, tía y guía espiritual me enseñó a amar sin condiciones. Me confrontó con mis heridas más profundas. Me hizo fuerte cuando quise rendirme. Me obligó a ser ejemplo... aun cuando yo misma me sentía rota.

Y, sobre todo, me llevó a los pies de Dios una y otra vez. Porque entendí que no podía criarlos sola. Necesitaba al Dios que me salvó para salvarlos a ellos del mundo que yo conocí. Mi historia cambió. No porque todo fuese fácil... sino porque ahora tenía un motivo más grande que mi pasado.

Tenía ojos que me llamaban mamá. Manos que buscaban las mías. Almas pequeñas que dependían de mí para aprender lo que algún día yo no tuve: seguridad, fe y esperanza.

Y así también comenzó mi servicio. Porque cuando una mujer ha sido quebrantada... y restaurada... Dios la usa para levantar a otros.

Comencé a servir a mujeres desgastadas por la vida, a jóvenes heridas, a familias sin esperanza.

No porque lo supiera todo... sino porque había vivido lo suficiente como para decir:

— "Yo estuve ahí... y salí. Y si Dios me levantó a mí... también te levantará a ti."

Dios me dio vida... y me confió otras. No solo para criarlas... sino para guiarlas. Para enseñarles que, aunque la muerte toque la puerta, Dios siempre tiene la última palabra.

"Cuando la muerte me quiso arrancar del propósito... mis hijos fueron la prueba de que Dios decidió que yo debía quedarme."

"Jesús le dijo: 'Yo soy la resurrección y la vida; el que cree en mí, aunque esté muerto, vivirá.'"

(Juan 11:25)

Confiada por Dios para Amar y Cuidar

Cada rostro en estas fotografías cuenta una historia...

una historia de amor, de segundas oportunidades y de propósito divino.

Soy privilegiada.

Porque Dios, en Su infinita sabiduría, decidió confiarme lo más valioso que existe: la vida de mis hijos y mis sobrinos.

No fue casualidad... fue un llamado sagrado, una misión que lleva mi nombre desde antes de nacer.

He aprendido que cuidar es un acto de amor, pero también de fe.

Cuidar es orar cuando nadie ve, llorar en silencio y sonreír aunque el alma tiemble.

Cuidar es guiar, corregir, abrazar, y muchas veces, quedarse firme cuando el cansancio intenta hablar más fuerte.

Cuando miro sus rostros, veo la promesa de Dios cumplida.

Cada uno de ellos me recuerda que el amor verdadero no nace del lazo de sangre, sino del compromiso del corazón.

Y si Él me los confió, es porque creyó que en mis manos estarían seguros, y en mi corazón encontrarían hogar.

Hoy, al mirar estas fotos, no veo solo una familia...

Veo la fidelidad de Dios retratada en cada sonrisa.

Porque aunque la vida me marcó, fue Su amor el que me enseñó a cuidar, a sanar y a seguir.

Gracias, Señor, por confiarme vidas que también son tuyas.

Gracias por hacerme guardiana de generaciones que llevarán Tu luz más lejos de lo que jamás imaginé.

No elegí este llamado... fue el cielo quien me eligió.

Y hoy, al verlos crecer, entiendo que cada uno de ellos es una carta viva del amor de Dios hacia mí.

Ellos son mi legado, mi propósito y mi oración respondida.

Porque cuidar vidas no es una carga…

es el privilegio más grande que puede tener un corazón que ha sido marcado para amar.

Carmen Luz Cordero

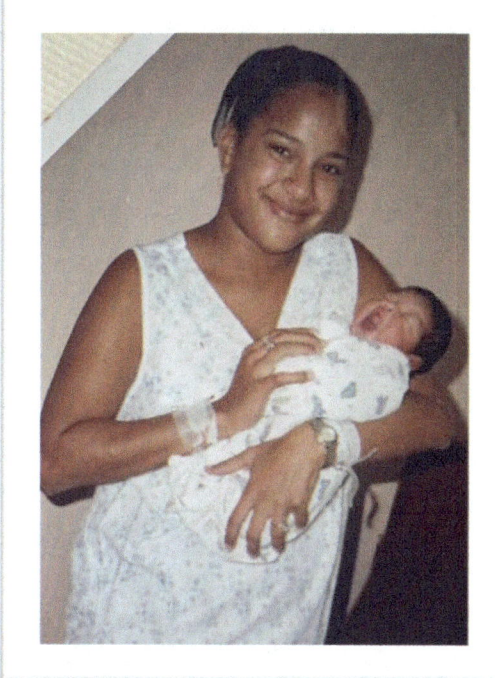

CAPÍTULO 7

Florida - Tierra de nuevos comienzos

El 11 de septiembre de 2015 marcó un antes y un después en mi historia.

Ese día no solo crucé una frontera geográfica…

también crucé una frontera emocional, espiritual y personal.

Dejé atrás mi amado Puerto Rico,

con sus heridas y recuerdos,

y llegué a Florida con una maleta de sueños,

tres hijos aferrados a mi fe,

y un corazón dispuesto a comenzar de nuevo.

No fue fácil.

Nada era familiar.

El idioma.

La cultura.

Las calles.

Los rostros.

Pero dentro de mí había una convicción inquebrantable:

"Si Dios me trajo hasta aquí,

es porque hay un propósito."

Lakeland Manor Apartment 33801

Empecé paso a paso, reconstruyendo no solo una vida...

sino una nueva versión de mí misma.

Trabajos que me formaron

Florida se convirtió en mi tierra de procesos.

Los primeros años fueron los más duros.

Trabajé donde fuera necesario para sostener mi hogar:

McDonald's — Donde aprendí resiliencia en los días más cansados.

Golden Corral — Donde la excelencia en el servicio se volvió disciplina.

Empaque de frutas — Donde el sudor se hizo siembra de propósito.

Marcada para cambiar vidas

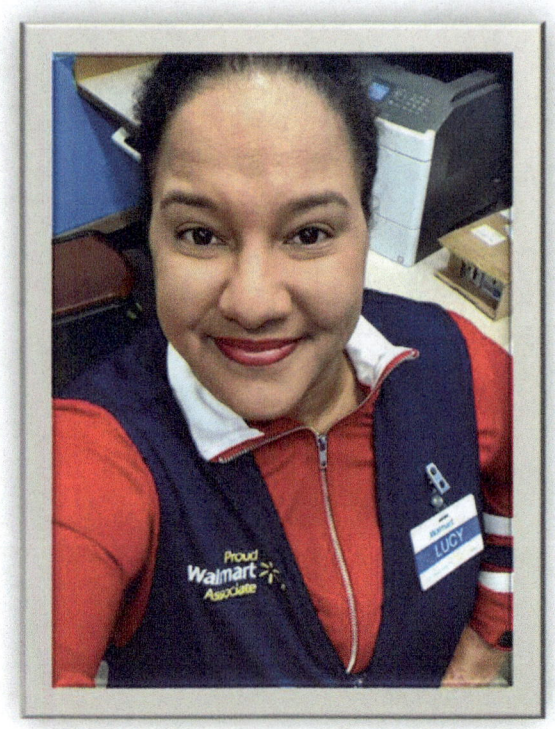

Walmart — Donde la paciencia y la fe se convirtieron en mi pan diario.

Eran jornadas largas.

Pies cansados.

Lágrimas escondidas en almohadas silenciosas.

Pero mi espíritu… determinado.

Cada empleo fue una escuela:

de humildad, de esfuerzo, de dependencia total en Dios.

Hubo días en que me pregunté si valía la pena...

pero cada vez que miraba a mis hijos,

encontraba la respuesta:

Sí, valía la pena.

Porque estaba construyendo un legado de dignidad y amor.

Florida: Territorio de llamado

Mientras trabajaba duro día tras día...

Dios no se quedó callado.

Me fue posicionando, conectando, preparando.

Comencé a servir a la comunidad.

A hablar esperanza.

A ser voz para mujeres migrantes, madres solteras,

y guerreras silenciosas como yo.

En Florida redescubrí mi llamado:

Me formé como capellán,

me eduqué con propósito,

enseñé con compromiso.

Escuché historias como la mía...

y Dios me usó para edificar, añadir e impactar vidas desde mis cicatrices.

Rip Norma Hernández

Fue ella, esa mujer que me levantó las manos en oración y decía Lucy continúa cuando más lo necesitaba. El instrumento que Dios utilizó para desarrollar en mí el llamado en la Capellanía.

Aún la traición fue parte del proceso

También viví traiciones que me marcaron profundamente.

Personas a quienes di mi confianza,

me dieron la espalda.

Pero aun eso,

Dios lo usó para pulirme.

Para romper cadenas.

Para impulsarme hacia lo que realmente había sido llamada:

- Liderar desde la compasión
- Hablar desde la verdad
- Amar desde la experiencia

Carmen Luz Cordero

Florida me cambió… para siempre

Esta tierra fue mi desierto…

pero también mi tierra prometida.

Aprendí a depender de Dios como nunca antes.

A caminar por fe.

A ver milagros.

A transformar dolor en destino.

Hoy, cuando miro atrás,

ya no veo solo dolor…

Veo semillas.

Buenas semillas.

Semillas que Dios permitió sembrar en esta tierra de nuevos comienzos.

Llegué con miedo…

y hoy camino con autoridad.

Porque en Florida no solo comencé una nueva vida…

comencé a cambiar vidas.

Florida fue el lugar donde dejé de sobrevivir…

y aprendí a vivir con propósito.

La Florida no fue solo un nuevo lugar en el mapa…

fue el escenario donde dejé de sobrevivir para comenzar realmente a vivir con propósito.

Allí entendí que los desiertos no son castigos, sino caminos de revelación.

Que las lágrimas no siempre significan derrota, sino limpieza del alma.

Y que cuando Dios decide movernos de tierra, no es para desarraigarnos… es para replantarnos donde podamos florecer.

En la Florida aprendí que la fe se demuestra con pasos, no con palabras.

Que sanar duele, pero transforma.

Y que cuando uno entrega el pasado, Dios devuelve el futuro multiplicado en esperanza.

Hoy sé que no vine a este lugar huyendo del dolor,

vine guiada por un propósito.

Porque lo que un día fue refugio, se convirtió en misión.

Y lo que un día fue llanto, hoy es testimonio.

Aquí volví a respirar.

Aquí volví a soñar.

Aquí volví a vivir.

CAPÍTULO 8

La herida que vino desde el altar

Capítulo 8
La herida que vino desde el altar

Hay heridas que nacen en la calle…

otras en la familia…

pero existen unas que duelen distinto:

las que vienen desde el altar.

No son golpes visibles,

son silencios que marcan,

miradas que cortan,

injusticias que uno jamás espera

de aquellos a quienes llamamos "cobertura",

"guía", "familia espiritual".

Porque cuando la herida viene desde el altar,

no solo hiere la piel…

hiere el alma.

Rompe algo interno que uno nunca pensó perder:

la confianza.

Y aun así,

te quedas de pie.

Respirando con el pecho apretado,

pero de pie.

Y aquí comienza mi verdad…

Sirves con todo. Entregas tu alma. Cuidas lo que no es tuyo como si lo fuera. Lloras con ellos. Celebras con ellos. Y por años, vives para sostener una visión que sientes como tuya.

Así fueron mis años al servicio del altar. No como espectadora... sino como columna.

Dije muchos "sí" que me costaron lágrimas. Apoyé sueños ajenos como si fueran míos. Di mi tiempo, mi fuerza, mi corazón... y lo hice con gozo, creyendo que era para Dios. Porque estaba convencida de que se trataba del Reino.

Pero un día, el altar que tanto cuidé... me hirió.

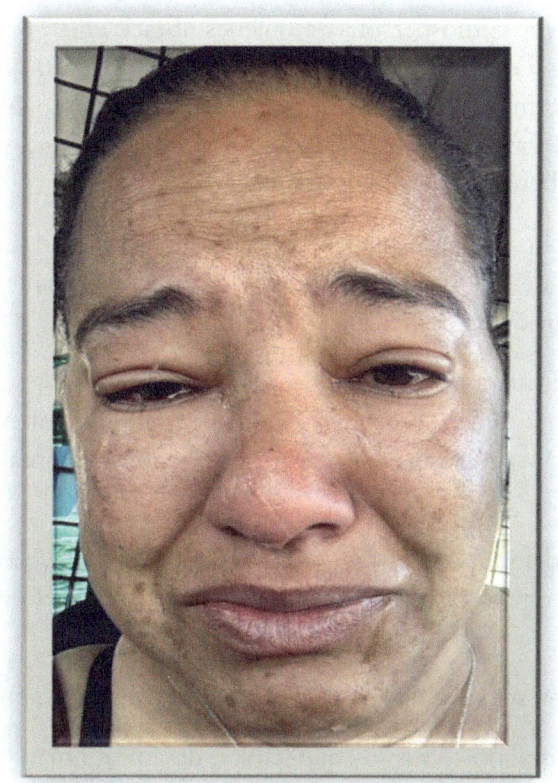

No fue una herida cualquiera.

No fue una traición del mundo, sino del lugar donde yo más confiaba. Del lugar donde me refugié. Del lugar donde creí que siempre encontraría amor, perdón y unidad.

Ese golpe no lo vi venir. Nadie lo ve venir. Porque cuando el golpe viene del mundo, te sacudes... pero cuando viene desde el altar, te rompe.

Esa herida dolió distinto. No sangraba por fuera, pero me dejó marcada por dentro. Era una herida silenciosa, de esas que te rompen sin que nadie lo note.

Todo comenzó con miradas frías. Con palabras disfrazadas de consejos. Con murmullos que se escondían detrás de oraciones. Con gestos que me recordaban, sin decirlo, que ya no pertenecía.

Me dolió ver cómo personas a quienes abracé en su dolor fueron las mismas que luego me señalaron con sus dedos. Cómo quienes me llamaban "hermana" se convirtieron en jueces sin escuchar mi versión. Cómo el altar que tantas veces limpié de lágrimas ajenas... se convirtió en el lugar donde tuve que recoger las mías.

Serví a Cristo con entrega, pero fui traicionada por corazones humanos. Y esa es una de las pruebas más duras que puede vivir un siervo de Dios: ser herido por quien compartió su oración.

Me vi obligada a sonreír cuando por dentro moría. A seguir sirviendo cuando quería huir. A seguir levantando manos mientras las mías temblaban. A seguir diciendo "Amén", mientras el alma gritaba "¿por qué?".

No entendía cómo algo tan santo podía doler tanto. Cómo el mismo lugar donde encontré propósito podía convertirse en el escenario de mi quebranto.

Esa traición me partió el corazón... pero también me abrió los ojos.

Descubrí que no todos los que hablan de amor, aman. Que no todos los que predican de fidelidad, permanecen. Y que no todos los que oran contigo, oran por ti.

Que Dios me permitió pasar por la herida para purificar mi servicio.

Para que entendiera que no todo ministerio es Reino,

y no toda plataforma es altar.

Los mismos que un día me pidieron "tener cuidado" con personas específicas…

porque según no sabían lo que tramaban.

Y hoy, irónicamente, son su mano derecha.

No por lealtad.

No por amor.

Sino por conveniencia.

Pero así es cuando el amor se enfría.

Así es cuando el corazón deja de latir por el Reino

y empieza a latir por los intereses.

Jesús lo dijo claro:

"El amor de muchos se enfriará."

Y verlo frente a mis ojos me confirmó

que esa palabra estaba viva… y era para este tiempo.

Me sentí inmerecida… descartada… culpable de amar demasiado.

Me costaba orar. Me costaba confiar. Me costaba vivir.

Y entonces entendí algo:

El corazón no solo se rompe por amores terrenales… también se rompe por traiciones espirituales. Y ese dolor no tiene nombre. Es sagrado. Es brutal.

Pasaron días… luego semanas… fingiendo estar bien mientras moría en silencio.

Porque, ¿quién consuela a los que fueron heridos desde lo sagrado? ¿Quién sana a los que sirvieron con pureza y terminaron marcados por la espalda? ¿Quién defiende a los que nadie escuchó?

Lloré como nunca. Me grité a mí misma en silencio: "¿Y ahora qué?"

Hasta que, en mi peor noche, escuché una voz en lo más profundo de mi espíritu:

"Te rechazaron los hombres, pero te escogí Yo. Tu propósito no depende de su aceptación, sino de Mi llamado."

Y volví a respirar...

No fue de inmediato. La sanidad llegó en capas. A veces con lágrimas. A veces con silencio. A veces de rodillas.

Aprendí a perdonar sin recibir disculpas. A seguir sin aplausos. A amar sin condiciones.

Y ahí, justo ahí... comenzó mi verdadera restauración.

Porque entendí que el altar no es propiedad de nadie. El altar es de Dios. Y nadie puede arrancarme lo que Dios me entregó.

Hoy puedo escribir estas líneas con amor... pero también con fuerza.

Esa herida no me destruyó. Me hizo más real. Más sensible. Más dependiente de la gracia. Más consciente de lo que es verdad y lo que solo es religión.

Por un tiempo quise rendirme. Pensé en alejarme, en cerrar mi corazón. Me prometí no volver a confiar.

Pero justo ahí, en medio del llanto, Dios me recordó que Su altar nunca me traicionó. Fueron los hombres, no el cielo. Fue la carne, no el Espíritu.

Y mientras los recuerdos me pesaban, Él me susurró:

"Te quité de donde ya no te valoraban porque tengo un altar que lleva tu nombre."

Lloré mucho. Pero esta vez, ya no por tristeza, sino por revelación.

Comprendí que Dios me permitió pasar por la herida para purificar mi servicio. Para que entendiera que no todo ministerio es Reino, y no toda plataforma es altar.

Fui leal, aun cuando dolía. Guardé silencio, aun cuando me provocaban. Y aunque intentaron apagar mi fuego, Dios me encendió en otro lugar.

Aprendí que hay traiciones que no vienen para destruirte, sino para reubicarte. Que hay puertas que Dios mismo cierra con dolor, porque detrás de ellas ya no hay propósito, sino manipulación. Y que no se puede servir en un lugar donde la honra se perdió.

Hoy puedo mirar atrás y decir: me dolió, sí. Me costó, sí. Pero también me liberó.

El altar que me hirió no fue mi final. Fue el punto donde Dios me separó para algo mayor. La herida me enseñó a discernir. A cuidar mi corazón. A servir sin esperar aplausos, y a amar sin exigir reconocimiento.

Porque entendí que servir a Dios no siempre será aplaudido por los hombres. A veces, el precio de la fidelidad... es la soledad. Pero, aun así, vale la pena.

Hoy sirvo desde otro altar. Uno que no busca fama, sino almas. Uno que no manipula, sino sana. Uno que no divide, sino restaura. Uno donde se sirve con lágrimas, pero también con libertad.

Y aunque la herida aún deja cicatrices, ya no me duele. Porque fue allí donde Dios me enseñó que cuando los hombres te traicionan... Él te promueve.

> "Aun mi amigo íntimo, en quien yo confiaba, el que de mi pan comía, levantó contra mí el calcañar."
>
> (Salmo 41:9)

> "Y sabrás que el Señor es fiel, que, aunque los hombres te abandonen, Él permanece."
>
> (2 Timoteo 2:13, paráfrasis)

Si tú has sido herida cerca del altar... si alguien te usó "en el nombre de Dios" para luego abandonarte... si te prometieron cielo y te dieron infierno...

No estás sola.

Yo también fui herida. Yo también quise rendirme. Yo también dudé si valía la pena seguir. Pero Dios no me soltó.

Mi lealtad no era a un sistema. Mi servicio no era por reconocimiento. Mi amor no era por una institución. Era por Él.

Y Él... nunca me falló.

Al final entendí algo que cambió mi forma de ver el dolor: no fue un castigo... fue una catapulta.

En un momento pensé que me estaban deteniendo, pero en realidad, me estaban lanzando más lejos. Cada palabra que intentó herirme se convirtió en combustible. Cada puerta cerrada, en una nueva dirección. Cada traición, en una promoción disfrazada.

Y hoy lo declaro con certeza:

"Que el "PARE" que quiera darte el hombre sea el impulso que Dios usa para llevarte más lejos."

Porque cuando Dios marca un propósito, ni la herida, ni el rechazo, ni la traición... pueden detener lo que el cielo ya decretó.

Comparto contigo estas fotografías y ojalá puedas verlas desde mi perspectiva.

Marcada para cambiar vidas

Esa herida dolió…

Dolió más porque vino de un lugar donde solo esperé amor, comprensión y respaldo.

El altar que un día me inspiró, también fue el lugar donde mi alma se quebró.

Pero con el tiempo entendí que Dios no permitió ese dolor para destruirme, sino para formarme.

Había algo en mí que necesitaba ser procesado, purificado y fortalecido.

No fue castigo... fue preparación.

Fue necesario pasar por ese fuego,

para que mi corazón aprendiera a amar sin condiciones,

a servir sin esperar aplausos,

y a levantarme aun cuando el alma temblaba.

¿Por qué la herida vino desde el altar?

Porque Dios solo permite que te hiera aquello que puede formarte.

Si el golpe hubiera venido de cualquier otro lugar, no te habría transformado... pero al venir desde el altar, tocó lo más sagrado: tu fe, tu entrega, tu confianza.

La herida que vino desde el altar no fue casualidad; fue parte del proceso que Dios usó para purificar tu llamado. Fue el golpe que partió tu corazón, sí... pero también fue el que abrió espacio para que Su gloria entrara.

Duele más cuando te hiere alguien que predica, que ora contigo, que te impone manos o dice amarte en el nombre de Dios.

Pero justamente ahí está el misterio:

Dios permitió que el dolor naciera donde más confiabas, para enseñarte a depender solo de Él y no de los hombres.

Porque si no te hubieran herido desde el altar, tal vez seguirías sirviendo al altar... pero no al Dios del altar. Esa herida te cambió la manera de ver, de amar, de servir. Te hizo más sensible, más empática, más real. Y aunque por un momento sentiste que el fuego te consumía, en realidad te estaba refinando.

Hoy sabes que fue necesario.

Porque de esa herida nació una nueva versión de ti:

más firme, más libre y más consciente del peso del llamado.

Por eso ahora puedes decir con paz y poder espiritual:

El altar te hirió...

pero también fue el lugar donde Dios te resucitó.

Porque si no hubiera sido por esa herida,

no tendría la compasión, la autoridad y la fuerza espiritual que hoy sostienen mi ministerio.

El altar me marcó... sí.

Pero también me empujó hacia mi verdadera encomienda:

sanar, restaurar y levantar a otros desde el mismo lugar donde un día me caí.

Y por eso, hoy no guardo rencor.

Solo gratitud.

Porque entendí que a veces la herida es el sello del llamado...

y el dolor, la antesala de la gloria.

Hoy miro atrás y puedo decir con paz:

"Lo que tú pensaste para mal, Dios lo encaminó para bien."

(Génesis 50:20)

Y yo…

que amo sin medida,

que soy leal hasta el alma,

que cuando amo, amo para toda la vida…

Hoy camino en paz.

Agradecida.

Reconociendo que la herida no me hizo mala…

me hizo diferente.

Me hizo más de Dios.

Mi llamado no lo definió un hombre.

Mi propósito no lo sostiene una institución.

Mi destino no lo detiene lo que alguien diga de mí.

Porque mientras otros inventaron historias para no quererme…

Dios escribió una historia para levantarme.

Y esa historia…

apenas comienza.

Tal vez mientras lees estas líneas,

tu alma también recordó una herida que no has podido explicar.

Quizás también te dolió algo que jamás imaginaste:

ser herido por un lugar donde solo esperaste amor, comprensión y respaldo.

Si es así...

quiero que sepas que lo que viviste no te pasó solo a ti.

Dios no permitió esa herida para destruirte.

La permitió para formarte.

Amén.

CAPÍTULO 9

Del polvo a la visión. Había tocado fondo

DEL POLVO A LA VISIÓN

Capítulo 9

Hay procesos que no se ven desde afuera...

porque el dolor más fuerte no siempre deja marcas visibles.

Hay heridas que no sangran, pero gritan en silencio.

Y hay momentos en los que uno respira, pero en realidad solo sobrevive.

Llegó un tiempo en mi vida en que todo parecía derrumbarse: los planes, los sueños, las fuerzas.

No fue una pérdida económica ni física...

fue más profundo.

Era el alma la que estaba rota.

Me levantaba cada mañana por costumbre,

pero por dentro seguía en el suelo.

Caminaba, sonreía, servía... pero en realidad, me sentía invisible.

Como si todo lo que había dado,

todo mi amor, mi entrega y mi esfuerzo,

hubiesen sido enterrados junto con mi dignidad.

Fue en ese polvo donde Dios comenzó a hablarme.

Allí, en el lugar del quebranto, me mostró que no todo lo que se rompe se pierde...

algunas cosas se rompen para revelar lo que estaba oculto.

Porque a veces es necesario tocar fondo,

para mirar hacia arriba y ver la visión que solo nace entre las ruinas.

Recuerda!

No en lo económico.

No en lo físico.

Era más profundo.

Era el alma.

Había días en los que me levantaba...
pero por dentro seguía en el suelo.

Me sentía invisible, descartada,
como si toda mi entrega, todo mi amor
y todo mi esfuerzo
hubiesen sido enterrados junto con mi dignidad.

Estaba en polvo.
Y no cualquier polvo:
el polvo de la traición,
del abandono,
del olvido.

Pero Dios...
Dios no se olvidó de mí.

En medio del dolor, comencé a escuchar una voz:

suave… pero firme

tierna… pero poderosa

no desde afuera, sino desde dentro.

Una voz que me dijo:

"No naciste para quedarte en el suelo.

Te marqué… para levantar a otras."

Yo no entendía cómo.

Apenas podía respirar…

y Dios me hablaba de visión.

Apenas podía con mi vida…

y Dios me hablaba de propósito.

Pero fue allí, entre el polvo y las lágrimas,

donde comenzó a revelarme su plan.

Comenzó a mostrarme rostros:

mujeres rotas como yo,

madres solas,

jóvenes sin rumbo,

familias heridas por la vida.

Y cada vez que oraba,

más clara se hacía la carga.

No era solo una idea…

era una asignación divina.

Mujeres Resistentes nació en el luto.

Meraki se formó en la prueba.

LLMinistry se gestó en el silencio.

Porque Dios no necesita escenarios

para comenzar algo nuevo…

solo necesita un corazón dispuesto,

aunque esté quebrado.

Comencé a escribir.

A enseñar.

A reunir mujeres.

A hablar con autoridad…

aunque aún temblara por dentro.

Entendí que Dios no espera perfección para usar a alguien.

Él nos levanta…

mientras nos sana.

Cada paso fue un acto de fe.

No tenía recursos, pero tenía visión.

No tenía respaldo humano, pero tenía una promesa.

Y lo que comenzó como un susurro en el polvo…

hoy es un movimiento que transforma vidas.

Porque de los escombros de la traición nació mi propósito. Y del silencio de la herida brotó mi voz.

"El polvo fue mi punto de partida… porque allí, donde el hombre me dejó caer, Dios decidió levantarme."

"Los que sembraron con lágrimas, con regocijo segarán."

(Salmos 126:5)

Hoy miro atrás y me veo allí: con las rodillas marcadas, el rostro cubierto de lágrimas, la esperanza casi apagada… Pero con los ojos volviendo a levantarse hacia el cielo.

Del polvo me levantó… y en el polvo me dio visión.

Y si Dios lo hizo conmigo… también lo puede hacer contigo.

Porque los quebrantados

son los que cargan la gloria.

Los que han tocado fondo

son los que caminan con compasión.

Y los que lloraron en secreto…

hablarán con poder.

Porque cuando tu oración

se convierte en la brisa

que vuelve a darte vida…

No hay infierno que pueda detener tu respiración.

Ahí fue donde entendí…

Cuando El Dolor Se Convirtió en Ministerio.

El dolor me preparó.

La vida me entrenó.

Pero fue Dios quien me envió.

Florida ya no era solo un lugar de trabajo y ajuste…

Se estaba convirtiendo en el escenario de nuestro llamado.

Yo, que llegué rota,

con tres hijos y una fe aferrada a la esperanza,

no sabía que el cielo estaba orquestando

el despertar de un ministerio.

Un llamado que comenzó en lo secreto

El mismo Dios que me libró de la muerte,

que me sostuvo cuando sentí que me ahogaba,

fue quien comenzó a tocar la puerta de mi corazón

con un propósito claro:

"Lo que sobreviviste…

no fue para callarlo."

Así comenzó mi preparación.

No desde un púlpito,

sino desde el sufrimiento procesado.

Desde mis noches de oración.

Desde las lágrimas que se hicieron intercesión.

Desde los recuerdos que me impulsaban a decir:

"Yo sé lo que se siente.

Y sé también que se puede salir."

Formación con un propósito mayor

Mientras trabajaba y criaba a mis hijos, comencé a estudiar con visión. Cada clase, cada certificado, cada práctica… eran ladrillos que Dios usaba para edificar nuestro ministerio.

Nos convertimos en Capellán. Una palabra que al principio sonaba grande… pero que hoy entiendo que significa:

- Amar al que sufre
- Escuchar al que llora
- Sostener al que se cae

Y hacerlo como Cristo lo haría.

La Capellanía no solo nos dio herramientas… Sino una asignación:

- Entrar donde otros no quieren entrar

- Sanar heridas que no se ven

- Hablar esperanza a quienes ya no esperan

- Ser voz para quienes perdieron la suya

Ministerio que nació de mis cicatrices

Sentí primero un llamado hacia:

- Mujeres que no veían salida
- Madres que cargaban más de lo que podían
- Jóvenes desviados por falta de dirección
- Personas con problemas de alcohol y drogas
- Familias quebradas por el dolor

Y entendí que:

Mi historia no era una condena… era una herramienta de rescate.

Comencé a servir, a acompañar, a hablar palabra de vida con autoridad.
No porque yo fuera fuerte… sino porque Dios se hizo fuerte en mí.

Marcada para cambiar vidas

Marcada para cambiar vidas

Un día lo escuché claro en mi espíritu:

"Lo que el enemigo quiso usar para destruirte...
Yo lo usaré para impactar generaciones."

Y así nació mi verdad más profunda:
Dios me dio vida...
y me confió vidas.

Para añadir donde falta esperanza.
Para edificar donde hay ruinas.
Para impactar donde otros ven fracaso.

Porque el dolor procesado... se convierte en ministerio.
Y el ministerio nacido del fuego...
no hay infierno que pueda detenerlo.

Hoy, miro mis manos
y ya no veo marcas de tragedia...

Veo marcas de propósito.
Veo marcas de gloria.
Veo marcas de guerra ganada.

Marcada para cambiar vidas

Yo fui la niña que la muerte persiguió... pero terminé siendo la mujer que el cielo empoderó para rescatar vidas.

Porque Dios me marcó para cambiar vidas. Entendí que, La Florida no fue un escape... fue un taller divino.

El lugar donde Dios me procesó, me quebró, me formó y me levantó con nuevas fuerzas.

Aquí entendí que el dolor no solo hiere, también revela. Revela quién eres, quién no eres y quién Dios siempre quiso que fueras.

En esta tierra lloré pérdidas, enfrenté traiciones, y conocí silencios que solo Dios escuchó. Pero también aquí volví a respirar, volví a servir, y volví a soñar.

La Florida fue mi desierto... pero también fue mi Canaán. Porque lo que comenzó como un refugio, terminó siendo mi plataforma. Aquí descubrí que no estaba sobreviviendo, estaba siendo preparada.

Cada proceso, cada lágrima, cada noche oscura fue la antesala del propósito que hoy abrazo.

Hoy camino segura...

Consciente de que esta tierra no me destruyó: me reveló.

No me quitó identidad: me la devolvió en el lenguaje del cielo.

Y por eso, al cerrar este capítulo, puedo decir: En la Florida no perdí nada... aquí fue donde finalmente me encontré.

Llegué rota, cansada, con una maleta llena de silencios, procesos y batallas internas. Sin embargo, este lugar lejano de mi isla y tan distinto a mis raíces se convirtió en el taller donde Dios me reconstruyó pieza por pieza.

Aquí aprendí a respirar otra vez.

Aquí descubrí mi propósito.

Aquí entendí que el dolor no me definía... me impulsaba.

Y mientras Dios me levantaba, también me regaló algo que jamás olvidaré: personas.

Personas que marcaron mi camino con amor, con apoyo, con oraciones, con palabras que me sostuvieron en mis noches más pesadas.

Personas que llegaron en temporadas exactas, enviadas por el cielo para recordarme que no estaba sola.

A cada una de ellas... gracias.

Gracias por abrirme la puerta de su vida.

Gracias por creer en mí cuando yo apenas podía creer en mí misma.

Gracias por caminar conmigo estos 10 años que hoy miro con gratitud, con honra y con paz.

Florida no fue una parada más.

Fue una escuela, un altar, una sala de parto espiritual.

Aquí fui procesada, pero también fui lanzada.

Aquí fui quebrada, pero también fui levantada.

Aquí dejé lágrimas… pero también recogí victorias.

Hoy cierro este capítulo con el corazón lleno:

lleno de memoria, lleno de gratitud, lleno de propósito.

Porque entendí que Dios no me trajo a la Florida para perderme… sino para revelarme.

Y mientras sigo caminando, llevo conmigo todo lo aprendido, todo lo vivido y todo lo que Él usó para hacerme quien soy hoy.

Gracias, Florida.

Gracias, a cada persona que marcó mi historia.

Este capítulo no termina con un adiós…

termina con un gracias.

CAPÍTULO 10

Un llamado eterno

(Nacimiento de Marcados Para Cambiar Vidas)

Capítulo 10
Un llamado eterno

No salí a buscar un ministerio.

No salí a buscar reconocimiento.

Salí a buscar almas...

porque yo sabía lo que era vivir rota por dentro.

Alguien que ha sido restaurada

no puede ignorar a las que todavía están cayendo.

El dolor que me había perseguido toda la vida...

ahora se convirtió en brújula.

Dios empezó a abrirme puertas donde jamás imaginé:

- Hogares de rehabilitación
- Jóvenes a punto de perderlo todo
- Mujeres que lloraban en silencio
- Familias quebradas por el rechazo
- Personas que el mundo había descartado

No iba con discursos perfectos.

Iba con la verdad de mi historia.

Y esa verdad... abría corazones.

Cada vez que hablaba, sentía algo poderoso:

"Esto eres tú."

"Para esto te dejé viva."

Comencé a ver milagros:

- jóvenes que intentaron quitarse la vida volviéndola a abrazar
- mujeres levantándose del suelo
- madres volviendo a creer en sus hijos
- personas sin esperanza volviendo a soñar

Sirviendo…
me encontré.

Amando…
me sané.

Levantando a otros…
me levanté yo.

Carmen Luz Cordero

El nacimiento de una visión

Hubo un día en el que Dios me habló con mayor claridad:

> **"Ya no solo estás sobreviviendo en tu historia.**
> **Ahora estás cambiando historias."**

Y entonces supe:

esto no era solo servir…

era un llamado.

> Gracias a ustedes familia por acompañarme en el primer Capítulo de vida
>
> Los que fueron narrados por los primeros años luego de la perdida de mi padre.
>
> Enfrentamos una adversidad mi madre y yo con propósitos para ser marcadas y así Cambiar vidas
>
> Gloria a Dios!
>
> Y esto es?
> Marcados para Cambiar vidas.
> De
> Carmen Luz Cordero González
> antes
> Lucy Cordero.

Así nació MARCADOS PARA CAMBIAR VIDAS:

no como un evento,

no como un nombre bonito,

sino como una identidad.

Una marca celestial en mi espíritu

y en todo aquel que acepta ser usado por Dios

para llegar donde otros no llegan.

Éramos sobrevivientes convertidos en rescatadores.

Personas del polvo…

levantando a otras del polvo.

No había recursos…

pero había fe.

No había respaldo humano…

pero había cielo de sobra.

No había diplomas al inicio…

pero había un testimonio que estremecía corazones.

Porque cuando Dios respalda…

el mundo tiene que reconocerlo.

Mi corazón y mi misión

Mi llamado no salió de un altar...

salió de una tumba vacía,

de un hospital donde la muerte perdió,

de un barrio que quiso marcarme con tragedia...

Pero Dios me marcó con propósito.

Desde entonces mis pasos saben a urgencia.

Mi voz sabe a verdad.

Mi corazón sabe a guerra... y a victoria.

Hoy puedo decirlo con valentía:

No fui marcada por el dolor...

fui marcada para cambiar vidas.

Y cada persona que he visto levantarse...

cada lágrima que he ayudado a transformar...

cada alma que volvió a vivir...

Ha sido la confirmación del cielo:

> "Así era.
>
> Así es.
>
> Así será."

DECLARACIÓN DE IDENTIDAD

No soy la historia que intentó destruirme.

Soy la misión que Dios levantó de entre los muertos.

No se trata solo de lo que viví...

Se trata de lo que fui llamada a hacer con lo que viví.

Hoy puedo mirar atrás y ver que cada pérdida,

cada traición,

cada lágrima

y cada noche en silencio

fueron parte de un diseño más grande.

No fui víctima de la vida...

fui entrenada por el cielo.

El dolor me formó.

La fe me sostuvo.

La gracia me restauró.

Pero fue el llamado de Dios lo que me mantuvo firme,

incluso cuando el proceso no tenía sentido.

Yo no elegí este camino...

Él me eligió primero.

Desde antes de formarme en el vientre,

ya me había marcado.

No para un momento emocional.

No para una temporada pasajera.

Sino con un llamado eterno.

Mi asignación no depende de aplausos,

ni de reconocimientos humanos.

No necesita títulos

ni plataformas visibles.

Este llamado se confirma en lo secreto,

se fortalece en lo roto,

y se activa con obediencia.

Hoy no solo soy la mujer que sobrevivió…

soy la mujer que se levantó

y decidió caminar en lo que el cielo decretó sobre su vida.

He sido marcada para cambiar vidas,

pero no por mérito propio.

Ha sido por misericordia,

por redención,

y por un amor que nunca cambia.

Carmen Luz Cordero

Mi voz no es mía.

Mis pasos no son míos.

Cada historia que cuento…

es una invitación del cielo.

No me detendré.

No porque no duela…

sino porque esto es eterno.

"Pero yo y mi casa serviremos al Señor."

(Josué 24:15)

"Porque no nos ha dado Dios espíritu de cobardía, sino de poder, de amor y de dominio propio… Él nos salvó y nos llamó con llamamiento santo…"

2 Timoteo 1:7–9

Hoy sé quién soy.

Y aunque la vida me marcó…

fue Dios quien me selló.

Y ahora lo entiendo con una claridad que me estremece:

Mis cicatrices no son vergüenza…

son credenciales del cielo.

Cada marca de dolor se convirtió en una puerta de acceso

a lugares donde solo entra quien ha sido quebrado y levantado por Dios.

Nada en mi historia fue desperdicio.

Nada fue casualidad.

Nada fue en vano.

El infierno quiso matarme…

pero Dios me entrenó.

La gente quiso detenerme…

pero Dios me envió.

Mi pasado quiso hablar por mí...

pero fue Dios quien escribió mi identidad.

Por eso camino sin miedo,

sin retroceder,

sin negociar mi propósito.

Porque quien fue sellada por Dios

no se detiene ante procesos,

no se rinde ante traiciones,

no calla su testimonio,

no vuelve al polvo del que Dios la sacó.

Hoy termino este capítulo con convicción:

Lo que viví me preparó.

Lo que perdí me limpió.

Lo que lloré me hizo fértil para el propósito.

Y lo que sobreviví... me posicionó.

Ya no sirvo desde mis fuerzas,

sirvo desde Su sello.

Ya no hablo desde mi historia,

hablo desde Su gloria.

Ya no camino desde mis heridas,

camino desde Su llamado.

Y mientras quede una vida por levantar,

una mujer por restaurar,

un joven por salvar,

una familia por rescatar…

seguiré avanzando.

Porque Marcados Para Cambiar Vidas

no comenzó en un evento,

ni en una idea,

ni en un plan…

Comenzó en el corazón de Dios

el día que decidió que mi dolor

iba a convertirse en mi ministerio.

Este capítulo termina…

pero mi asignación apenas comienza.

Seguiré rompiendo silencios.

Seguiré alumbrando tinieblas.

Seguiré levantando polvo que otros desecharon.

Porque cuando Dios te marca,

cuando Dios te llama,

cuando Dios te respalda…

No hay pasado que te frene,

no hay infierno que te detenga,

no hay gigante que no tengas autoridad para derribar.

Así cierro este capítulo:

Con gratitud,

con propósito,

con fuego…

y con la misma certeza que me ha sostenido toda la vida:

Fui marcada por Dios.

Fui sellada por su propósito.

Y mientras tenga aliento…

cambiaré vidas.

CAPÍTULO 11

Aceptada por Su amor

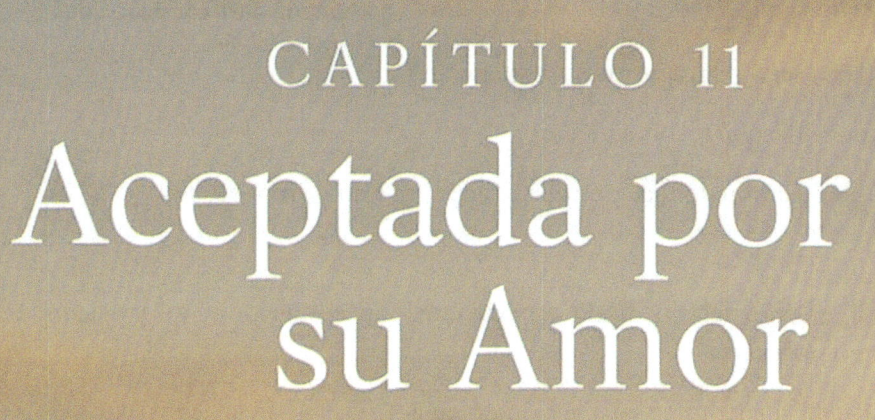

CAPÍTULO 11
Aceptada por su Amor

Nunca serví para que me aplaudieran.

Nunca busqué reconocimiento.

Desde siempre lo hice por obediencia, gratitud y amor a Dios.

Por mucho tiempo di sin esperar, amé sin condiciones y serví aun cuando nadie veía.

Aprendí a encontrar satisfacción no en el "gracias" de la gente, sino en la mirada aprobadora del cielo.

Sin embargo, hubo días en los que me pregunté si valía la pena tanto esfuerzo, tanta entrega, tanta lucha en silencio.

Días donde el cansancio me hablaba más fuerte que la fe,

y las voces del entorno intentaban apagar la voz de mi propósito.

Fue entonces cuando Dios me recordó quién soy para Él.

No una mujer perfecta, sino una hija amada.

No una sierva invisible, sino una escogida a la que Él mismo llamó por nombre.

Entendí que no sirvo para ser vista…

sirvo porque fui aceptada por Su amor.

Y ese amor incondicional, puro y eterno

me sostuvo cuando el rechazo dolió,

me levantó cuando el corazón se quebró,

y me enseñó que la verdadera aprobación no se busca… se recibe.

Porque cuando sabes que el cielo te aprobó,

ya no necesitas demostrarle nada a la tierra.

Pero aun con esa convicción,

hubo momentos en los que el alma se sintió invisible.

No por falta de identidad...

sino porque muchas veces quienes más reciben de ti,

son los que menos te afirman.

Y eso...

aunque no te detiene...

duele.

Fue en medio del silencio,

cuando nadie veía,

que Su amor me habló más fuerte.

Dios no necesitó multitudes para afirmar quién yo era.

No necesitó títulos,

ni plataformas,

ni micrófonos.

Bastó un solo momento con Él

para entender que Su amor es suficiente.

No me amasó por lo que hacía…

sino por quien soy en Él.

No me abrazó porque fui fuerte…

sino porque siempre fui Suya.

Y ahí…

en esa revelación…

descansé.

Su amor me sostuvo en los momentos de soledad.

Su aceptación me restauró cuando otros me rechazaron.

Su voz me recordó que mi identidad

no está en lo que la gente opine,

sino en lo que Él decretó sobre mí

aún antes de que respirara por primera vez.

Hoy camino en libertad.

No porque todo sea perfecto,

sino porque sé que soy amada tal como soy:

No por mis logros.

No por mis servicios.

No por mis batallas ganadas.

Sino por Su gracia.

Soy aceptada.

No por sistemas.

No por personas.

Sino por el Dios

que me escogió,

me abrazó,

y me selló para siempre.

Si alguna vez te has sentido que no encajas,

que no te valoran,

que no te ven…

recuerda esto:

Ya fuiste aceptada por Aquel que no cambia,

que no falla,

y que nunca se cansa de amarte.

Cuando sabes que ya eres amada por Dios…

puedes cerrar los ojos,

respirar profundo…

y vivir en paz.

Porque no servimos para obtener algo a cambio,

sino porque fuimos llamados para amar sin condiciones.

Tú familia siempre estará ahí!

Aprendí algo que jamás olvidaré:

La oración es lo que libera el gran poder de la fe.

Servir con Amor.

Servir es una bendición. Cada vez que servimos con amor, mostramos lo que realmente hay en nuestro corazón.

Por eso, cuando a alguien le cuesta servir, no es que no pueda... es que dentro de sí hay una lucha por no sentirse menos.

El servicio revela el alma. Y muchas veces, detrás de la resistencia a servir, hay heridas de estima que aún necesitan ser sanadas.

Quien se valora a sí mismo de manera madura nunca siente que servir lo hace inferior. Al contrario, el que sirve con alegría y entusiasmo tiene la paz de quien sabe quién es en Dios. No teme ser juzgado ni menospreciado, porque su valor no depende de los aplausos, sino del propósito que le da sentido a su vida.

Servir implica soltar lo material, renunciar a los halagos y ofrecer lo mejor sin esperar reconocimiento. El servicio verdadero doblega el orgullo, exalta la humildad, y refleja los valores más puros del alma.

En un mundo donde muchos buscan ser vistos, servir en silencio es un acto de grandeza.

He visto personas:

- Bajo el sol o la lluvia, guiando carros.
- Cocinando con alegría para un almuerzo comunitario.
- Orando en las calles.
- Abrazando a quien nadie mira...

Todos ellos son héroes anónimos que sirven con amor, sin micrófonos, sin cámaras, pero con un corazón encendido por Dios.

Servir no es exhibirse. No es buscar posición ni reconocimiento. Servir es amar con las manos. Es reflejar el carácter de Cristo, que vino no para ser servido, sino para servir.

Así que sirve.

Hazlo con gozo. Haz lo que otros evaden. Llega donde otros no quieren llegar. No esperes nada de nadie, para que no te decepciones. Abraza cada oportunidad como un regalo divino y disfruta lo que haces, aunque nadie lo vea.

Porque hay uno que sí lo ve todo. Y un día te dirá:

"Bien, buen siervo y fiel; sobre poco has sido fiel, sobre mucho te pondré; entra en el gozo de tu señor." (Mateo 25:21)

Esta frase subraya que la fidelidad en las pequeñas cosas resulta en la responsabilidad y la recompensa de Dios en mucho más.

Simplemente... sirve. Porque cada vez que sirves, glorificas al que te envió.

Y cuando entiendes eso, todo cambia.

Sirves sin miedo,

sin compararte,

sin sentirte menos,

sin detenerte por falta de aplausos.

Sirves porque el amor de Dios

ya estableció quién eres…

y a quién perteneces.

Y en ese tipo de servicio el que nace del corazón y no del ego
sucede lo más hermoso:

Tu vida se convierte en un altar,
tu entrega en un mensaje,
y tus manos en un testimonio vivo
del Dios que te levantó.

Por eso no importa si nadie lo reconoce,
si nadie lo aplaude,
si nadie lo menciona…

Dios sí lo ve.
Dios sí lo honra.
Dios sí lo recompensa.

Él es quien examina el corazón,
quien recuerda lo sembrado en silencio,
y quien convierte cada acto de servicio
en una semilla de eternidad.

Así cierro este capítulo:

Con la certeza de que Su amor fue suficiente,
que Su aceptación me liberó,
y que Su llamado me sostiene.

Hoy camino con paz
porque ya no sirvo para ser amada…
sirvo porque ya fui amada primero.

Y mientras tenga aliento,
seguiré sirviendo,
seguiré amando,
seguiré sembrando…

Porque en cada acto humilde,
en cada gesto sencillo,
en cada sacrificio secreto…

el cielo se mueve,
el propósito avanza,
y Dios es glorificado.

Ese es el privilegio más grande.
Ese es el llamado más puro.

Ese es el sello más eterno.

Que mi vida entera hasta el último respiro

sea una ofrenda de amor

para Aquel que me aceptó

antes de que yo misma me entendiera.

Y así, con el alma en paz y el corazón firme, declaro:

Soy amada.

Soy aceptada.

Soy enviada.

Y mientras exista alguien por levantar...

                                                    seguiré sirviendo.

CAPÍTULO 12

Declaraciones proféticas

DECLARACIÓN PROFÉTICA

Mi historia no termina en el dolor.

Mi propósito no muere con la traición.

Mi identidad no depende de la opinión de otros.

Hoy me levanto y declaro en el nombre de Jesús que:

- No soy lo que viví. Soy lo que Dios dijo.
- No fui vencida… fui transformada.

- No estoy rota… estoy siendo rediseñada para gloria mayor.

Ya no camino con miedo…

camino con propósito.

Ya no me escondo…

me levanto con autoridad.

Ya no dudo de quién soy…

soy hija, soy guerrera, soy llamada… soy marcada para cambiar vidas.

Declaro que:

- El dolor no tendrá la última palabra
- La unción me sostiene cuando mi fuerza humana se acaba
- Las promesas de Dios son más reales que diagnósticos, abandonos o traiciones
- Lo que ayer me hizo llorar… mañana será mi testimonio
- Donde antes caí… ahora me levantaré para levantar a otros

Proclamo que:

- Mis manos sanarán
- Mis palabras restaurarán
- Mi vida predicará
- El pasado no me detiene.
- El futuro ya fue asegurado en Cristo.

- Soy libre.
- Soy limpia.
- Soy elegida.

¡Soy marcada para cambiar vidas!

Y si tú estás leyendo esto…
esta palabra también te pertenece:

Tú no estás aquí por casualidad.
Hay un llamado sobre tu vida.
Hay una marca eterna sobre tu historia.

Aunque el proceso haya sido fuerte…
la gloria que viene será mayor.

No cargues la culpa

La culpa… uno de los sentimientos más pesados que puede llevar el alma. Cuando no logramos soltarla, se convierte en un arma silenciosa que destruye desde adentro. Tiene el poder de paralizar, aislar, frustrar y apagar la luz de quien la carga.

Quien vive bajo el peso de la culpa se siente como un deudor eterno que nunca logra saldar su cuenta con la vida.

La culpa desgasta la autoestima, roba la paz y empobrece el corazón hasta hacerlo creer que ya no merece amor ni perdón. Por eso, a veces es más fácil culpar a otros que mirar dentro de nosotros mismos. Sin embargo, resulta doloroso ver cómo desde los altares o los púlpitos se alimenta el sentimiento de culpa, en lugar de predicar la sanidad, la gracia y el poder liberador del perdón.

Porque si poderosa es la culpa... más poderoso es el perdón.

Y no hay acto más sublime de perdón que ver a Jesús colgado en una cruz, extendiendo sus brazos por amor, y luego contemplar la gloria de una tumba vacía.

Es cierto, hay circunstancias que hacen más difícil sanar: el momento en que ocurrió todo, las personas involucradas, las consecuencias de nuestras decisiones... pero nada de eso debe tener más autoridad que tu deseo de levantarte.

La culpa detiene el alma, pero el perdón la hace volar.

Es tiempo de perdonarte.

Perdónate lo que hiciste, lo que no hiciste, lo que permitiste y lo que te hicieron creer que fue tu culpa.

Hazlo con ternura. Hazlo con verdad.

Enciérrate un momento, como lo hace la larva en su capullo... pero no para esconderte, sino para transformarte.

Porque cuando salgas de allí, no volverás a arrastrarte. Volarás.

Recuerda: lo peor de tu historia ya fue crucificado con Cristo.

Y lo que viene está cubierto por una promesa:

"Nuevas son cada mañana sus misericordias."

(Lamentaciones 3:23)

Declara hoy con valentía:

No soy un accidente.

¡Soy parte de un plan eterno!

Camina hacia tu meta

Camina. Aunque duela. Aunque el viento sople en contra.

No te detengas por nadie, ni por nada.

Estás en esta vida con un propósito divino: aportar al mundo lo que Dios depositó en tu corazón.

Si te detienes, muchos se quedarán sin recibir lo que solo tú puedes entregar.

Tal vez ya has recibido golpes, decepciones o heridas profundas…pero nada de eso te define.

Al contrario, cada caída te ha hecho más fuerte, más sabia y más sensible al propósito de Dios.

No guardes amargura, ni alimentes deseos de venganza.

Eso solo te robará energía y retrasará tu camino.

El perdón no es debilidad, es libertad.

Perdonar no significa que olvides, sino que eliges avanzar sin cadenas.

En tu jornada habrá desiertos. No los temas.

Son tiempos sagrados donde Dios te enseña en el silencio.

Los desiertos se cruzan al ritmo que decides aprender.

Si vas con humildad, avanzarás.

Si vas con enojo o queja, solo darás vueltas sin llegar a ningún lugar.

Allí, donde no hay ruido, podrás oír mejor la voz de Dios,

esa voz que tantas veces se pierde entre el dolor, la furia y la ansiedad.

Camina lento… pero firme.

Cada paso, aunque parezca pequeño, te acerca a tu destino.

Toma una piedra y lánzala hacia adelante.

Esa piedra será tu próxima meta.

De esa forma, la inmensidad del desierto no te abrumará.

Caminarás paso a paso, tramo a tramo,

y un día mirarás atrás y verás todo lo que has vencido.

En el camino algunos se quedarán atrás... y eso también está bien.

Dios enviará nuevas personas para acompañarte en las próximas etapas.

Quien se va cumplió su parte en tu historia.

No mires atrás, las bendiciones que te esperan no están donde estuviste, sino donde Dios te lleva.

No te conviertas en estatua de sal por mirar el pasado.

Camina hacia tu conquista.

Ve con Él... porque Él es el Camino, la Verdad y la Vida.

(Juan 14:6)

Hoy cierro este capítulo con el corazón despierto y la mirada firme en lo que viene.

Yo no soy la mujer de ayer.

Y tú tampoco.

Ni tú eres la del dolor,

ni la del abandono,

ni la que cargó culpas que no le pertenecían.

Eres más que lo que te hicieron,

más que lo que perdiste,

más que lo que sobreviviste.

Si estás leyendo esto, quiero que lo sientas en tu espíritu:

No caminas sola.

No caminas rota.

No caminas tarde.

Camina contigo el Dios que te escogió desde antes de nacer.

Cada paso que doy hacia adelante, tú también puedes darlo.

Cada desierto que atravesé, tú también puedes atravesarlo.

Cada miedo que enfrenté, tú también puedes vencerlo.

Porque el mismo Dios que me levantó,

también quiere levantarte a ti.

Yo entendí que mi historia no termina donde fui herida…

y quiero que tú entiendas que la tuya tampoco.

Tu dolor no define tu valor.

Tu proceso no cancela tu propósito.

Tu pasado no dicta tu destino.

Lo que viviste te formó,

pero lo que Dios decretó sobre ti

te impulsa hacia adelante.

Y aunque cerramos este capítulo con un punto final,
lo hacemos juntas:

Con fuerza.
Con fe.
Con claridad.
Con una identidad que el cielo escribió.

Tú también puedes caminar.
Aunque duela.
Aunque tengas miedo.
Aunque sientas que nadie te entiende.

Camina… porque Cristo es el Camino, la Verdad y la Vida.
(Juan 14:6)

Y ahora, escucha esto en lo más profundo:

No fuiste llamada para quedarte donde te quebraron.
Fuiste llamada para florecer donde Dios te plante.

Cierro este capítulo con un suspiro de gratitud,
pero tú puedes cerrarlo con una esperanza nueva.
Porque si algo he aprendido es esto:
Lo que viene para nosotras será mayor.

CAPÍTULO 13

Carta a la lectora

Carta para ti, Mujer Marcada para Vivir

Hoy quiero hablarte a ti.

Sí, a ti…

A la mujer que sonríe por fuera, pero a veces tiembla por dentro.

A la que se levanta todos los días como si nada, aunque solo Dios sabe cuánto le pesa el alma.

A la que da, sirve, sostiene, ama, abraza y construye… aun cuando nadie lo nota.

A ti, mujer marcada por el fuego…

pero también marcada por la gloria.

Quiero que sepas algo profundo: nunca has estado sola.

Quizás la vida te ha desgarrado en momentos donde esperabas apoyo.

Quizás perdiste más de lo que pudiste decir.

Quizás te traicionaron quienes prometieron quedarse.

Quizás sufriste en silencio para no incomodar a nadie.

Pero aun así… sigues aquí.

Y eso te convierte en un milagro caminando.

Tú eres la prueba viviente de que el dolor puede golpear,

pero jamás destruir a una mujer con propósito.

Eres evidencia de fuerza, de resiliencia, de fe,

aunque a veces tú misma olvides quién eres.

Has sobrevivido días que parecían imposibles.

Has amado cuando estabas vacía.

Has servido con el corazón roto.

Has llorado sin testigos y aun así seguiste adelante.

Eso no lo hace cualquiera…

eso lo hacen las escogidas.

Tal vez hoy no lo ves, pero hay gloria escondida detrás de cada lágrima,

hay misión detrás de cada herida,

hay un llamado detrás de cada caída.

No fuiste marcada para quebrarte.

Fuiste marcada para cambiar vidas.

Quiero recordarte algo que el cielo susurra sobre ti:

Dios no se equivocó cuando te escogió.

No dudó de ti.

No te reemplazó.

No te olvidó.

No canceló Su plan.

No soltó tu nombre.

Eres parte de un diseño eterno.

Por eso, agárrate fuerte de Su mano.

Permite que Él sane lo que aún sangra.

Permite que Él restaure lo que te rompieron.

Permite que Él coloque fuego donde antes había cenizas.

Lo mejor de tu historia no quedó en el pasado.

Lo mejor… está por delante.

Yo no sé lo que viviste,

pero sí sé lo que Dios puede hacer con una mujer que se rinde a Su amor:

puede convertir lágrimas en testimonio,

dolor en autoridad,

y heridas en un altar para levantar a otras.

Si estás leyendo esto, no es casualidad.

El cielo te acaba de recordar:

Lo que el infierno envió para destruirte,

Dios lo está usando para empoderarte.

Querida lectora que llegó hasta aquí:

Gracias.

Gracias por caminar conmigo página por página,

por llorar lo tuyo a través de lo mío,

por dejar que mi historia toque la tuya.

Este libro fue escrito desde valles, silencios, noches profundas y oraciones quebradas.

Si tú también has sido marcada por el abandono,

la traición,

la pérdida,

los miedos,

la confusión,

la baja estima…

quiero que recibas esto:

Tu marca no te destruye.

Tu marca te distingue.

Tu marca te llama.

Tu marca te posiciona.

Tu marca te conecta con tu propósito.

Yo también pensé que no tenía fuerzas.

Yo también pensé que ya no quedaba nada en mí.

Pero allí, cuando tocaba fondo, Dios me levantó…

y me dijo:

"Ahora vas a levantar a otras."

Y tú también puedes.

No importa cuántas veces te cerraron la puerta.

No importa lo que te dijeron que no podías hacer.

No importa quién no creyó en ti.

Si Dios te dice que sí… ningún "no" puede detenerte.

Esta carta no es un adiós.

Es tu comisión divina:

Sal.

Brilla.

Ora.

Ama.

Restaura.

Habla.

Testifica.

Sirve.

Lucha.

Sana.

Escribe.

Levanta a otras.

Hazlo todo desde la convicción de que eres una mujer marcada por Dios, y que hay vidas que solo tú—sí, tú—estás destinada a tocar.

Te abrazo desde este lado del proceso…
$$\text{y te espero del lado de la promesa.}$$

Recuerda

Entrena para la incomodidad.

Camina, avanza, desarrolla tu propósito.

Lo valioso no siempre es cómodo.

Lo incómodo no siempre es error.

La incomodidad es la puerta del cambio…

y tú tienes la llave.

El dolor no te rompe…

te R.E.V.E.L.A.

Cierre profético para ti

Que cada mujer que lea estas líneas pueda declararlo con autoridad:

"Yo y mi casa serviremos a Jehová."

(Josué 24:15)

Que lo repita hasta que lo crea,

hasta que lo viva,

hasta que lo vea cumplirse en su hogar.

Porque tú no caminas sola.

Tú no sirves sola.

Tú no luchas sola.

Tú no avanzas sola.

El Dios que te marcó…

te sostendrá hasta el final:

Con amor,

con fuego,

con verdad,

y con los brazos abiertos

Carmen Luz Cordero González
MARCADA PARA CAMBIAR VIDAS

Yo creo en ti. El cielo te respalda. Tu verdadera historia apenas está comenzando.

Con el amor que te marca y la verdad que te libera.

Carmen Lucy Cordero

Querido lector que ha llegado hasta aquí:

Gracias.

Gracias por caminar conmigo página tras página, por detenerte en cada historia, por llorar conmigo, por reír, por reconocer lo tuyo a través de lo mío. Gracias por abrir tu corazón.

Este libro no fue escrito desde una cima; fue escrito desde los valles, las noches oscuras, los silencios largos y las oraciones más sinceras. No te hablo como alguien que lo sabe todo; te hablo como una mujer que fue rota, y que, en medio del dolor, fue reencontrada con el amor del Padre.

Quizá tú también has sido marcada: por el abandono, por el abuso, por la soledad, por las traiciones, por el miedo.

Pero si algo deseo que entiendas hoy es esto: esa marca no existe para destruirte. Existe para que otros puedan ser restaurados a través de ti.

Tú no estás sola. Tu historia no ha terminado. Tu voz no es un eco vacío. Tu llamado es real.

Yo también quise rendirme. Yo también pensé que no tenía nada más que ofrecer. Pero justo ahí, en el punto más bajo, Dios me levantó. No solo para que viviera, sino para que marcara vidas.

Y tú también puedes hacerlo.

No importa lo que hayas vivido. No importa cuántas veces te hayan dicho que no. Si Dios te dice que sí, nadie podrá detenerte.

Esta carta no es solo un adiós; es una comisión final.

Sal, brilla, ministra, canta, enseña, escribe, ora, levanta a otros. Hazlo todo con la certeza de que has sido marcada por Su mano y que hay muchas otras vidas que solo tú puedes tocar.

Te abrazo desde este lado del proceso. Y te espero… del lado de la promesa.

¡RECUERDA!

Entrena para la Incomodidad.

Camina, avanza y desarrolla tu propósito.

No todo lo valioso es cómodo, ni todo lo incómodo es un error.

La incomodidad es el umbral del cambio.

Es allí donde muchos se detienen… pero tú puedes avanzar.

Entrenar para la incomodidad es aprender a permanecer cuando todo parece cerrado, porque sabes que, en el tiempo correcto, Dios abrirá la puerta.

Entrenar es quedarte firme cuando todo arde, porque confías en que no te quemarás.

Entrenar es sentir dolor, sin olvidar que ese dolor no durará para siempre.

Entrenar es respirar profundo y seguir, aun cuando todo dentro de ti grita que quiere huir.

El crecimiento no siempre se siente bien, pero deja huellas, y esas huellas transforman.

Por eso y por mucho más, no te conformes, no busques lo fácil.

Busca fortaleza.

Porque lo difícil no te rompe… te R.E.V.E.L.A.

Con amor,

Carmen Luz Cordero González.

(besos y abrazos)

MARCADA PARA CAMBIAR VIDAS

Reflexiones para el lector

Este espacio es para ti.

Después de leer cada historia, cada proceso, cada milagro…

es momento de escribir el tuyo.

Tu voz también tiene valor.

Tu historia también tiene poder.

Permítete ser honesta, libre… y marcada por Dios.

1. ¿Qué parte de este libro te tocó más profundamente?
   _____
   _____
   _____
   _____

2. ¿Qué heridas comenzaste a sanar al leer esta historia?
   _____
   _____
   _____
   _____

3. ¿Qué decisiones o sueños nacieron en tu corazón mientras leías?
   _____
   _____
   _____

4. ¿Qué capítulo te hizo sentir acompañada en tu propio proceso?

5. ¿En qué parte sentiste que Dios te habló directamente?

6. ¿Qué mentira sobre ti misma estás lista para soltar?

7. ¿Qué verdad de Dios necesitas abrazar con más fuerza?

8. ¿Qué relación, pensamiento o hábito necesitas entregar a Dios?

9. ¿Qué te gustaría que Dios restaure en tu vida a partir de hoy?
___
___
___
___

10. ¿Qué promesa bíblica deseas hacer tuya desde ahora?
___
___
___
___

11. ¿Qué propósito o llamado sientes que Dios ha despertado en ti?
___
___
___
___

12. ¿Qué declaración de fe quieres proclamar para tu vida y tu casa?
___
___
___
___
___

Gracias por abrir tu corazón.

Gracias por permitirte sentir, recordar, sanar y escribir.

Este libro fue una ofrenda… pero tu proceso también lo es.

Con amor,

Lucy Cordero – Marcada Para Cambiar Vidas

Este no fue el final de mi historia.

Fue el comienzo de una vida con propósito.

Cada lágrima fue recogida.

Cada herida fue sanada.

Cada proceso fue utilizado por Dios

para construir algo eterno.

Marcada para cambiar vidas

Si estás leyendo esto,

es porque también hay propósito sobre tu vida.

No estás aquí por error.

No viviste en vano.

No lloraste sin razón.

Tú también fuiste marcada…

Pero no para quedarte en el suelo,

sino para levantar generaciones.

No para cargar vergüenza,

sino para vestir gloria.

No para morir en la herida,

sino para vivir en la promesa.

Este es tu momento.

Levántate… y cambia vidas.

Fuimos, Sellados por el cielo

No fuimos marcados por casualidad.

Fuimos sellados por el cielo.

Y si la vida me quebró…

fue para que el Espíritu me restaurara.

Si la muerte me tocó…

fue para que la vida eterna me habitara.

Si el dolor me alcanzó…

fue para que la gloria de Dios me cubriera.

Camino con autoridad.

Hablo con propósito.

Vivo con visión.

Porque ya no vivo yo…

Cristo vive en mí.

Y mientras me quede aliento,

seguiré gritando al mundo:

¡Sí se puede!

¡Sí hay redención!

¡Sí hay propósito!

Hasta que la última mujer descubra

que ella también fue marcada…

para cambiar vidas.

Carmen Lucy Cordero

Carmen Luz Cordero

FIN • NUEVO COMIENZO

Aquí comienza tu historia.

Las oraciones que me sostuvieron

Una guía de gratitud, fe y restauración

Introducción

No llegué hasta aquí por fuerza propia.

No sobreviví por suerte.

Llegué… porque oré.

Porque aun cuando no tenía palabras,

mi alma seguía gritando.

Porque Dios escuchó mis lágrimas

cuando mi voz ya no podía hablar.

Desde niña, la oración fue mi refugio.

No siempre supe qué decir,

pero aprendí que orar no es repetir… es rendirse.

Carmen Luz Cordero

Hoy quiero compartir contigo

las oraciones que me sostuvieron.

No fueron perfectas…

pero fueron reales.

Y me mantuvieron viva.

1 Oración desde el dolor de la niñez (Cap. 1-2)

"Señor, no entiendo por qué tanto dolor siendo tan pequeña…

pero si Tú estás conmigo, no me dejaré caer.

Cúbreme. Abrázame.

Y cuando no sepa cómo seguir…

solo respira por mí."

2 Oración de sobreviviente (Cap. 3-5)

**"Dios, gracias por no dejarme morir.

Me quitaste tanto…

pero me dejaste vida.

No permitas que esta herida me hunda.

Dame fuerzas para creer

que el dolor no será mi final,

y que el lunes que me rompí…

fue el día que me rescataste."**

3 Oración como madre y mujer restaurada (Cap. 6-7)

**"Padre, gracias por los hijos que me confiaste.

Gracias por esta nueva tierra,

por esta nueva vida.

Ayúdame a guiarlos con sabiduría,

a ser ejemplo aunque aún me esté sanando.

Y que ellos vean en mí…

lo que Tú hiciste."**

4 Oración en medio de la traición (Cap. 8)

**"Señor, me dolió la traición… más de lo que esperaba.

Pero no quiero quedarme rota,

ni endurecer mi corazón.

Sáname.

Enséñame a perdonar

como Tú me perdonaste.

Hazme libre…

de los que me hirieron

y del orgullo que me ata."**

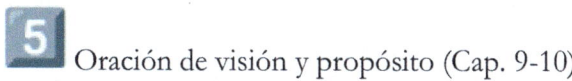 Oración de visión y propósito (Cap. 9-10)

**"Dios, del polvo me levantaste...

y ahora me muestras visión.

Dame fe para ver más allá del presente.

Dame obediencia para caminar sin entender.

Y que cada paso que dé...

tenga huellas que guíen a otros hacia Ti."**

6 Oración de identidad y aceptación (Cap. 11)

**"Padre, hoy me acepto como Tú me creaste.

No quiero compararme,

no quiero esconderme.

Me hiciste única, marcada, amada.

Gracias por llamarme hija…

aunque antes me sentí invisible."**

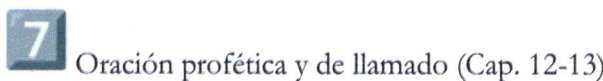 Oración profética y de llamado (Cap. 12-13)

**"Señor, no quiero solo existir.

Quiero cumplir lo que escribiste sobre mí.

Despierta lo profético que dormía.

Activa los dones que callé por miedo.

Y que mi vida entera

sea un altar que hable de Ti."**

Cómo aprender a orar

No necesitas palabras elegantes...
solo necesitas verdad.

Orar es hablar con Dios como con tu Padre:
el que te ama, te cuida, te escucha y te levanta.
Puedes comenzar diciendo:

"Aquí estoy, Dios... ayúdame."

Lo demás... Él lo hará.

Consejos sencillos para tu tiempo con Dios:

- Ora en voz alta o en silencio
- Agradece primero, aunque sea por lo pequeño
- Derrama tu corazón sin filtros
- Cierra cada oración confiando que Él escuchó

La oración no cambia a Dios…

te cambia a ti.

Oración Final

Señor, gracias por cada proceso,

cada herida,

cada promesa.

Gracias por marcarme…

y no dejarme morir en el proceso.

Te entrego mi vida entera,

mi familia,

mi llamado,

mi historia.

Y te doy gracias…

porque me fortaleciste hasta aquí.

Quiero recordarte, que

No importa cómo comenzó tu historia…

lo que importa es cómo termina.

Y hoy declaro que tu final no será el dolor,

será la gloria de Dios en tu vida.

Que cada herida se vuelva testimonio.

Que cada lágrima se vuelva fortaleza.

Que cada caída se vuelva escalón.

Que cada proceso se vuelva propósito.

Porque si estás leyendo esto…

es porque sigues de pie.

Y mientras sigas de pie…

Dios no ha terminado contigo.

Levántate.

Cree.

Avanza.

Declara.

Construye.

Sana.

Ora.

Y cuando la duda toque tus puertas,

cuando la voz del pasado quiera regresar,

cuando la vida vuelva a probarte…

Mira al cielo y recuerda:

No eres lo que viviste.

Eres lo que Dios dijo de ti desde la eternidad.

Tu historia continúa…

tu misión apenas comienza…

y tus marcas…

cambiarán vidas.

Aquí comienza tu historia.

Carmen Lucy Cordero

Sellada por el cielo

El 2025 no fue un año cualquiera. Fue el año donde entendí con mayor claridad quién soy en Cristo y para qué fui llamada. Cada experiencia, cada puerta abierta, cada batalla y cada victoria me guiaron a un propósito mayor. Fue el tiempo en que Dios alineó mis pasos, me sacó de la comodidad y me llevó a avanzar con enfoque, para marcar vidas con Su amor.

2025 fue el año donde el propósito se volvió acción.

Para cerrar y despedirme:

¡Siempre será más fácil opinar desde las gradas!

Hay quienes se sienten expertos sin haber jugado un solo minuto del partido.

Hoy vivimos en un tiempo donde cualquier pensamiento o emoción se publica sin filtros, sin medir cuánto puede herir o desgastar el corazón de alguien más. En este caminar he aprendido algo muy valioso: si mis palabras no edifican... simplemente no las comparto.

Liderar un ministerio no es un premio ni una plataforma de aplausos. Es una carga sagrada que requiere valentía, amor, oración, carácter y mucha obediencia. Es un llamado que pesa, que exige y que forma.

Y sí, los de las gradas siempre existirán...

Los que opinan sin conocer el proceso,

los que critican sin haber servido,

los que señalan sin haber limpiado una sola herida.

Dirán: "Yo lo hubiera hecho así",

pero sus palabras se quedarán en el aire,

porque fueron llamados a observar,

mientras Dios llamó a otros a transformar.

Los de las gradas olvidan rápido,

pero los hijos que sirven reconocen gracia,

honran, oran, apoyan, construyen...

porque sabemos que atacar a un ministro

es golpear al mismo Cuerpo de Cristo.

Que Dios nos mantenga con corazones sanos,

con ojos enfocados en la misión

y con labios que liberen vida…

no juicio.

Con respeto y amor,

Pastora Carmen Luz Cordero González

Carmen Luz Cordero

Carmen Luz Cordero

Marcada para cambiar vidas

¡Somos!

"Un lugar donde se ora, se sirve y se ama con el alma; donde cada acto de fe y servicio se hace con pasión, propósito y la presencia de Dios."

Me despido con el alma llena, deseando que cada palabra de este libro haya tocado la tuya.

No fuiste creada para quedarte en el suelo.

Fuiste creada para levantarte, incluso cuando duela, incluso cuando no tengas fuerzas.

Habrá días en los que solo puedas dar un paso…

y eso también cuenta.

Porque avanzar no siempre significa correr;

a veces significa seguir creyendo cuando todo parece perdido.

Sacúdete el polvo, respira profundo y recuerda:

cada vez que te pones de pie, aunque tiemble tu corazón,

la esperanza se vuelve a encender dentro de ti.

Tú no estás sola.

Dios sigue contigo, reconstruyendo, sanando y recordándote quién eres.

No fuiste hecha para rendirte… fuiste marcada para cambiar vidas.

Dios te bendiga!

"Marcada Para Cambiar Vidas"

Fui marcada…

pero no por casualidad.

La vida me golpeó, sí…

y a veces me dejó sin aire, sin palabras, sin fuerzas.

Hubo días en los que pensé que no lo lograría,

y noches en las que solo quería que el dolor se detuviera.

Pero aun allí, en lo más profundo,

Dios no me soltó.

Él tomó cada herida,

cada pérdida,

cada traición…

y las convirtió en parte de mi historia,

no para destruirme,

sino para formarme.

Aprendí a levantarme del polvo.

A caminar aun cuando mis rodillas temblaban.

A creer aunque todo alrededor se caía.

A amar sin reservas,

aunque a mí me fallaron.

Mis cicatrices siguen ahí,

pero ya no me avergüenzan.

Son recordatorios de que sobreviví,

de que Dios me sostuvo,

y de que lo peor no pudo detenerme.

Hoy entiendo que no cargo un pasado,

cargo un propósito.

Que no fui marcada para quedarme en el suelo,

fui marcada para levantar a otras.

Por eso cierro este libro con gratitud,

porque cada página me recuerda

que todavía hay esperanza,

que todavía hay futuro,

que todavía hay propósito para ti también.

Y si algo quiero que te lleves es esto:

No importa cuántas veces la vida te haya roto,

Dios siempre tiene una forma de volver a levantarte.

Yo soy testigo.

Soy evidencia.

Soy historia viva de restauración.

Y hoy lo digo con paz, con certeza y con amor:

Fui marcada para cambiar vidas…

y si estás leyendo esto,

créelo…

la tuya también puede cambiar.

Dedicatoria para:

Tata Cordero y a Todas las Mujeres que han Sufrido Demasiado

A ti, Tata,

mi mamá,

mi heroína silenciosa.

Tu vida ha sido una montaña de pérdidas que pocos podrían soportar.

Perdiste a tus suegros,

perdiste dos de tus hermanas,

perdiste a tu esposo tan joven,

perdiste a tu cuñada,

perdiste hijos, sobrinos, vecinos…

gente que amabas con el alma.

Tantas despedidas,

tantos duelos,

tantos silencios que solo tú y Dios conocen.

No cualquiera sobrevive a ese dolor.

Pero tú… tú te mantuviste en pie.

Con el corazón roto, sí,

pero siempre firme.

Siempre madre.

Siempre guerrera.

Marcada para cambiar vidas

Te vi llorar cuando pensabas que nadie te miraba.
Te vi recoger pedazos que nadie sabía que estaban rotos.
Te vi amar incluso cuando ya no tenías fuerzas.
Te vi seguir viviendo aunque tu alma sangraba.

Y aun así, Dios te guardó.
Dios te sostuvo.
Dios te mantuvo de pie.

Y cuando llegó el diagnóstico de cáncer de seno,
después de tantas pérdidas,
uno pensaría que ya no tenías lucha para pelear…
pero tú peleaste.
Y ganaste.
Hoy, diez años después,
sigues aquí con nosotros,
sonríes, conversas, amas,
y sigues siendo evidencia viva
de que Dios sostiene a las que ya no pueden sostenerse solas.

Este libro también es tu testimonio, mamá.
Porque si yo fui marcada para cambiar vidas,
fuiste tú quien me enseñó a no rendirme.
Fuiste tú quien me enseñó que un corazón quebrado
todavía puede amar,
todavía puede dar,
todavía puede creer.

Y a cada mujer que lea estas líneas…

A ti que has perdido personas que amabas.

A ti que cargas duelos que no sabes cómo explicar.

A ti que has tenido que ser fuerte cuando estabas en pedazos.

A ti que te levantaste aunque no sabías cómo seguir.

Quiero decirte algo con el corazón en la mano:

Tu dolor no te define.

Tu historia no terminó.

Dios todavía tiene vida, propósito y esperanza para ti.

Si Tata pudo…

si yo pude…

tú también puedes.

Este libro es un abrazo para tu alma,

y un recordatorio de que, aun con lágrimas en los ojos,

sigues siendo una mujer marcada por Dios

para levantarte…

y para cambiar vidas.

Aquí termina el dolor…

y comienza la gloria.

Carmen Luz Cordero

Made in the USA
Coppell, TX
15 February 2026

71952564R00115